Do que você tem fome?

Dieta, beleza, espiritualidade

Lynn Ginsburg
Mary Taylor

Do que você tem fome?

Dieta, beleza, espiritualidade

Tradução
GILSON CÉSAR CARDOSO DE SOUSA

EDITORA CULTRIX
São Paulo

Título original: *What Are You Hungry For?*

Dados Internacionais de Catalogação na Publicação (CIP)
(Câmara Brasileira do Livro, SP, Brasil)

Ginsburg, Lynn
Do que você tem fome? : dieta, beleza e espiritualidade / Lynn Ginsburg, Mary Taylor ; São Paulo : Cultrix, 2004.

Título original: What are you hungry for?
Bibliografia.
ISBN 85-316-0853-8

1. Beleza corporal 2. Dietética 3. Espiritualidade 4. Mulheres – Nutrição – Aspectos psicológicos 5. Mulheres – Nutrição – Aspectos religiosos 6. Mulheres – Nutrição – Aspectos sociais I. Taylor, Mary. II. Título.

04-5667 CDD-613.2082

Índices para catálogo sistemático:
1. Dietas : Mulheres : Nutrição aplicada : Promoção da saúde 613.2082
2. Mulheres : Dietas : Nutrição aplicada : Promoção da saúde 613.2082

O primeiro número à esquerda indica a edição, ou reedição, desta obra. A primeira dezena à direita indica o ano em que esta edição, ou reedição, foi publicada.

Edição	Ano
1-2-3-4-5-6-7-8-9-10-11	04-05-06-07-08-09-10-11

Direitos de tradução para o Brasil
adquiridos com exclusividade pela
EDITORA PENSAMENTO-CULTRIX LTDA.
Rua Dr. Mário Vicente, 368 — 04270-000 — São Paulo, SP
Fone: 6166-9000 — Fax: 6166-9008
E-mail: pensamento@cultrix.com.br
http://www.pensamento-cultrix.com.br
que se reserva a propriedade literária desta tradução.

Impresso em nossas oficinas gráficas.

Em memória das saudosas Carol Taylor e

Rachel Freeman, que me

ensinaram o significado da feminilidade. M. T.

Com todo o meu amor por Joe:

"O melhor ainda está por vir". L. G.

Sumário

Agradecimentos

Tantas pessoas nos proporcionaram ajuda paciente e interesse autêntico, durante os quatro anos exigidos pela redação deste livro, que é impossível agradecer a cada uma pelo nome. Assim, nossos agradecimentos se estendem a todos vocês e representam nossa sincera gratidão. Sua dedicação e seu empenho nos incentivaram.

Há, porém, algumas pessoas a quem temos de agradecer em particular; sem a ajuda delas, o livro não iria além de uma conversa enquanto se bebe *chai*. Seja-nos, pois, permitido começar pelas que tornaram possível o apreciado *chai*, sem o qual não adquiriríamos nunca a presteza e a atitude amável para prosseguir: o inspirado Tom Theobald, apicultor da Niwot Honey Farm, e os fabricantes do Eden Soy Extra Vanilla Soy Milk (não o leite de soja *light*, que para nós não funcionou!).

Mais importante que tudo, gostaríamos de agradecer às nossas famílias. Em primeiro lugar, os homens de nossas vidas: o marido de Mary, Richard Freeman, seu filho Gabriel e o marido de Lynn, Josef Pusedu, agora sabem mais a respeito de mulheres, alimentação e espiritualidade do que jamais outros sonharam. Revelaram bom humor, perspicácia e dedicação sincera ao longo dos anos. Nós os amamos! Um agradecimento especial a Joe por seu trabalho duro e seu talento artístico na criação dos desenhos do livro e de nossa página na *Web*. Agradecimentos especiais também a Richard, que revisou a seção sobre ioga do livro e ajudou-nos a compreender essa antiga arte e filosofia. Somos gratas igualmente a nossos pais – o pai de Mary, Frank Taylor, e os pais de Lynn, Werner e Suzanne Heim – por sua fé em nossa capacidade de levar a cabo este projeto.

Gostaríamos de agradecer à nossa agente, Jane Dystel, que confiou em duas "novas garotas no pedaço" e teve infinita paciência, sabedoria, fina percepção e conselho oportuno. Apreciamos muito tê-la ao nosso lado. Miriam Goderich, vice-presidente da agência de Jane, foi a destemida leitora inicial de nossa proposta e percorreu com generosidade nossos longos rascunhos prévios. Ela foi um modelo de paciência e tato; sem Jane e Miriam, jamais este projeto teria decolado.

Nossa editora da St. Martin, Elizabeth Beier, acreditou no livro desde o começo. Mostrou perspicácia no trato dos temas, tomando nossas idéias em estado rudimentar e ajudando-as a ganhar vida. Sua gentileza e firmeza ao longo do processo de revisão foram muito apreciadas. Michael Connor, editor-assistente da obra, foi sempre um auxílio extra e uma voz jovial do outro lado do fone.

Michael Morales, amigo íntimo de Lynn desde a infância, ajudou-nos tremendamente com sua vasta experiência de editor de livros; desde o início, os conselhos e a assistência de Mike foram fundamentais para encontrarmos uma agente. No decorrer dos quatro anos, sempre que nos confessávamos confusas quanto ao processo editorial, Mike lá estava com sua sugestão madura e sua pilhéria oportuna – ambas sempre muitíssimo apreciadas. A sabedoria justifica sua posse da cátedra!

Queremos agradecer também à dra. Wendy Zerin por seus conselhos desinteressados, sugestões e correções nas passagens sobre meditação budista do livro. Somos gratas a Aadil B. A. Palkhivala, que se sentou conosco à mesa da cozinha e, com infinito e apaixonado entusiasmo, discutiu a importância de encontrar significados e buscar o *dharma*. Suas idéias foram de grande valia na formulação da seção sobre *dharma* em nosso livro.

Outras pessoas que nos ajudaram bastante foram Diane Farris, Diane Fassel e Jeanie Manchester, que leram os primeiros rascunhos e deram sugestões úteis. Bill Goldman, que nos teria comprado o que lhe quiséssemos vender, auxiliou-nos o tempo todo com seu vibrante bom humor. Spencer Beasley insistiu em meter alguma coisa na cabeça de Lynn, mas não pode ser responsabilizado por sua gramática. Tami Simon, da Sounds True Productions, proporcionou-nos amparo generoso e divulgação. Agradecimentos a Dan Finney pela acupuntura e a Melanie Lancaster pelas massagens, duas práticas que nos mantiveram em forma e atuantes. Somos gratas ainda a Donna Fone, Rodney Yee e John Robbins pelo apoio e incentivo; e a David e Helena Balduc, proprietários da Livraria Boulder, pelos freqüentes conselhos e conhecimento do ramo livreiro.

Gostaríamos de agradecer também a Kathryn Arnold, Wynn Beardsley, Diane Botticelli, Teresa Bradford, Johanna Jongkind, Joanne Murphy, Lauren Piscopo, Tom Quinn, Jessica e Galen, Lois Sandusky, Erich Schiffmann e Denise Snell. Inúmeros amigos do Yoga Workshop, em Boulder, mostraram constante interesse pelo trabalho, ajudando-nos sem nunca se cansar de perguntar "Como está indo o livro?" ao longo dos quatro anos de sua elaboração. Essa comunidade foi o nosso *sangha* e o nosso refúgio. Somos gratas a todos vocês e às mulheres que compareceram aos nossos seminários: foram fonte de muita inspiração!

Em saudosa memória de Edith Beasley, Venable Herndon, Osita, Pen Wu e Stitious. Vocês estão conosco!

Prefácio

O problema sem nome – o fato simples de que as mulheres americanas são impedidas de exercer sua plena capacidade humana – está afetando muito mais a saúde física e mental de nosso país do que qualquer outra doença.

– Betty Friedan, autora de *The Feminine Mystique*

"Você foi longe, querida." Todas nós já ouvimos essas palavras em peças publicitárias que proclamam o sucesso do movimento de libertação feminina. Vejam até onde chegamos: nós, as mulheres modernas, conquistamos direitos inalienáveis como o acesso a uma carreira, o direito de voto, o de servir a nossas famílias comida pronta e até o de não depilar as pernas. Pelo menos, livramo-nos da escravidão que nos mantinha como empregadas domésticas sem salário. Ora, se as mulheres percorreram um caminho tão longo, por que ainda se sentem absolutamente desvalorizadas quando não são magras e bonitas?

Mas esperem um pouco: quem disse que percorremos mesmo um "longo caminho"? A força por trás desse impetuoso *slogan* do movimento de libertação feminina era, na verdade, o fabricante de cigarros Philip Morris. Em 1968, ele lançou a campanha publicitária do "Você foi longe, querida" para promover a nova linha de cigarros da empresa, voltada para as fumantes: a Virginia Slims.

Aparentemente, o nosso novo *status* liberado significava que doravante podíamos compartilhar o câncer de pulmão com os homens, fumando nossos próprios cigarros. Mas os Virginia Slims não eram um cigarro qualquer: haviam sido desenhados para atender a necessidades "especiais" das mulheres. Enfim, tínhamos um cigarro "apropriado" às mulheres – mais fininho.

Sim, as mulheres avançaram bastante em algumas frentes. Mas ainda somos assombradas pelo espectro da esbeltez. Mesmo quando nos esforçamos para alcançar o poder econômico e político, há uma história diferente desenrolando-se por trás da porta. Gastamos uma impressionante quantidade de dinheiro na indústria da dieta: só os americanos despendem cerca de trinta e três bilhões de dólares por ano tentando emagrecer.*

Enquanto apregoamos nossa libertação e até queimamos alguns sutiãs, nós, mulheres, empenhamos nossos corações e sa-

---

* Mary K. Serdula, MD, MPH, et al., "Prevalence of Attemping Weight Loss and Strategies for Controlling Weight", *Journal of the American Medical Association* (JAMA), Vol. 282 (1999), 1353-58.

lários na compra do mais recente livro de dieta, aparelho de ginástica, balança e miraculoso creme de redução da celulite em que conseguimos deitar a mão. Ainda que tenhamos ido longe, continuamos vítimas do paradoxo de nossos tempos: livres para abrir caminho no mundo, mas prisioneiras da velha sujeição à aparência.

Nós duas começamos a trabalhar neste livro como mulheres "liberadas" que compreendiam muito bem o sofrimento provocado pelo citado paradoxo. Cada uma tinha um segredo do qual jamais falava em voz alta, referente à sua história pregressa com a comida e os problemas do corpo. Por fim, resolvemos discutir juntas o assunto e, uma vez iniciado o processo, não conseguimos parar – finalmente podíamos compartilhar essa experiência íntima com alguém mais.

Ficamos perplexas ao descobrir quanta coisa tínhamos em comum. As manifestações exteriores de nossos conflitos alimentares e corporais pareciam quase uma oposição de pólos. Entretanto, a experiência interior do problema e os métodos que havíamos descoberto para solucionar nossas mazelas eram praticamente idênticos.

Lynn fora apanhada num ciclo sem fim de dietas desde a adolescência. Perder alguns gramas tornou-se para ela uma obsessão que assumiu vida própria. Sua insistência no peso acabou por transformar-se numa profecia de autocumprimento: a cada dieta que adotava anos a fio, tinha mais e mais quilos a perder. A dieta tornou-se um jogo decisivo que ela talvez não conseguisse vencer, mas a que também não podia fugir.

Na outra ponta do espectro dietético, Mary já era anoréxica aos dezoito anos de idade. A luta teve início quando ela entrou na faculdade e ganhou peso pela primeira vez. Fez regime e logrou perder o que ganhara; mas, em oito meses, sua "dieta" transformou-se numa briga de morte contra até mesmo a sensação de fome. Quando seu peso baixou perigosamente, os cumprimentos pelo êxito do regime cessaram. Em meados do segundo ano do curso, ela penetrara num terreno de autonegação e auto-ilusão que a deixou pesando menos de quarenta quilos – e ainda aferrada ao regime.

Enquanto estivemos sujeitas às nossas crises individuais de alimento e corpo, ficamos cegas ao ponto principal. Confiávamos tanto nos números da balança, no tamanho das roupas e na precisão onipotente do copo graduado que associávamos estreitamente nosso valor pessoal à nossa aparência.

A decisão de enfrentar a crise do alimento e do corpo ocorreu-nos, curiosamente, durante o sono. Era como se o único lugar em que podíamos ser totalmente honestas frente a nós mesmas, na questão de nossas tribulações, eram os sonhos.

No ponto mais baixo de seu episódio anoréxico, Mary sonhou que se sentava na cama e examinava suas pernas. Horrorizada, notou que elas se haviam transformado em tíbias de esqueleto. No sonho, ela se inclinava para tocar os ossos, que se esfacelavam numa pilha de cinzas. Acordou com a certeza de que chegara a uma encruzilhada onde tinha de se decidir por um caminho: a vida ou a morte. Isso, por certo, colocou em questão sua mania de "dietas" e ela se viu obrigada a buscar algo que tivesse maior significado que sua luta com o alimento e o corpo.

A constatação de Lynn veio-lhe durante a noite, cerca de quatro horas da madrugada, quando ela despertou subitamente de um sono profundo. Num átimo, percebeu quanto tempo perdera disputando seu joguinho com a comida e a aparência. Concluiu que na verdade aquilo não era jogo nenhum e que agir assim comprometera a sua saúde e lucidez de espírito. De algum modo errara o caminho, traindo a si mesma. E caso não fizesse algumas mudanças profundas e repensasse as suas prioridades, iria desperdiçar o resto da vida preocupando-se com o corpo e com outras questões superficiais afinal de contas sem sentido. Sua única chance seria envelhecer, amarga e fracassada, ou deixar de tratar imediatamente sua vida como um jogo e começar a insistir naquilo que realmente importava.

Trabalhando juntas no livro e conversando sobre nossas experiências passadas com o alimento e o corpo, sentimo-nos assombradas com o modo pelo qual cada uma descobrira a saída para a crise, reconciliando-se com sua verdadeira natureza e reconhecendo, após o toque de despertar, que gostava apaixonadamente da vida. Não só zelávamos por nossa própria existência como desejávamos nos ligar a alguma coisa que ultrapassasse a linha de nossa experiência cotidiana. Essas conclusões preencheram nossas vidas: pela primeira vez em anos, sentíamo-nos nós mesmas de novo, como se voltássemos ao lar.

Enquanto promovíamos mudanças em nossas vidas, nem todo momento de cada dia era feliz e esclarecedor – longe disso. Mas tínhamos um forte senso de finalidade que nos guiava e auxiliava a fazer escolhas próprias para nos reaproximar de nossos ideais. Isso já era satisfatório em si e por si. Compreendemos que esse senso de realização era aquilo pelo que estivéramos famintas a vida inteira.

O presente livro nasceu de idéias que ambas compartilhávamos, de conversas entre nós e com outras mulheres que vivenciavam problemas parecidos. Achamos que, para muitas mulheres, a causa principal do conflito com o corpo e o alimento é um vazio interior, uma ruptura com o eu verdadeiro. Quando mergulhamos na ilusão da beleza, tornamo-nos cegas à realidade mais profunda. Uma vez que gastamos tanta energia procurando solucionar nossas infinitamente complicadas questões de alimentação e forma física, nunca temos o bastante para fazer perguntas como "Por que vivo?", "Qual é o significado final da existência?" ou "O que está por trás do espelho?"

Este é, para as mulheres, um dos grandes sofrimentos de nossa época: a impossibilidade de sequer começar a perseguir nosso verdadeiro potencial porque somos distraídas pela tortuosa necessidade de ser felizes graças a um corpo perfeito. Mas satisfazer a essa necessidade é como tentar solucionar um quebra-cabeça chinês: quanto mais forcejamos por nos libertar, mais enredadas ficamos. Não obstante, de algum modo conservamos o imbatível otimismo de que um dia entenderemos tudo e sairemos vitoriosas, encantadoras e com as formas perfeitas. Um dia, talvez; mas por ora vamos esquentando a cabeça enquanto o que de fato importa passa longe de nós.

Eis aí, resumido, todo o paradoxo da chamada emancipação feminina. Não importa quão longe tenhamos ido, não importa o que tenhamos conquistado, a medida final de nosso sucesso como mulheres ainda é a boa aparência. Assim foi e assim é: como mulher, você pode equiparar-se a um homem na medida em que pareça bela e esguia.

Isso nos leva de volta àqueles cigarros fininhos e compridos. Que mulher consciente do próprio corpo não aceitaria esta declaração da Philip Morris num anúncio de 1971: "O fabricante dos Virginia Slims considera altamente inapropriado que as mulheres continuem a consumir os cigarros grossos e curtos desenhados para simples homens ... Virginia Slims, mais finos que os cigarros que os homens fumam"?

Em 1978, dez anos depois que os Virginia Slims cumprimentavam as mulheres por suas realizações, Susie Orbach questionou o progresso feminino no livro *Fat Is a Feminist Issue* (A gordura é uma questão feminista). Sua tese era que, como a beleza e a esbeltez são nossas passagens para o sucesso, muitas mulheres decidirão ser feias e gordas como o único meio de revoltar-se contra esse sistema opressivo. Aconselhava que as mulheres aprendessem a definir a beleza para si mesmas, como um ato feminista radical. Embora a mensagem de Orbach abrisse novo caminho para a descoberta de uma forma mais profunda de emancipação, a verdade é que não avançamos muito desde a publicação de seu livro.

Chegou a hora de um novo manifesto, de uma nova definição de beleza e libertação. Propomos que o objetivo final para as mulheres, hoje, seja a conquista da verdadeira felicidade – a qual não provém de realizações superficiais. Poder usar calças compridas, fumar cigarros fininhos e desafiar homens em seu próprio jogo não basta. Se somos livres por fora, mas continuamos manietadas por dentro, acreditando que a vida só vale a pena quando se é bonita e magra, onde está o problema? Até serem livres para sentir-se elas próprias – cada qual uma pessoa completa, com interior e exterior –, jamais as mulheres se considerarão verdadeiramente liberadas e verdadeiramente belas.

Este livro ajudará você a descobrir seu próprio senso de valores e espiritualidade, para então definir sua beleza de dentro para fora. Ele irá conduzi-la numa jornada de autodescoberta que a induzirá a renunciar a hábitos responsáveis por uma relação desequilibrada com o alimento e o corpo. Você perceberá que a libertação nasce da felicidade autêntica, quando sai em busca de algo que tem significado mais profundo para *você*.

Cada um de nós tem seu objetivo, sua compreensão pessoal do que torna a vida mais rica em significados. Podemos procurar uma existência mais completa. Mas o primeiro passo consiste em aprender a "deixar cair as escamas de nossos olhos", em parar de cultivar a ilusão coletiva da beleza, que nos afasta ainda mais da felicidade. Só então você encontrará a bem-aventurança que vai muito além de um número numa fita métrica.

UM

Comece de onde você está

Eu não estava faminta; por isso descobri
Que a fome era coisa
De quem está lá fora,
Que os que entram levam embora.

– Emily Dickinson, *I had been hungry*

A sociedade secreta das mulheres

Nós, mulheres, temos muitos segredos. Mas nossa relação misteriosa com o alimento e o corpo chegam a obscurecer todos os outros aspectos da vida, enchendo-nos de obsessões, vergonha e medo. Essa relação é intensa e íntima, de sorte que a compulsão a preservar o segredo pode se tornar a força propulsora por trás de tudo o que pensamos e fazemos. Por fora, talvez pareçamos sadias; mas, por dentro, estamos aferradas a um cabo-de-guerra sem fim.

Escrevemos este livro porque sabemos por experiência própria quão debilitante é, física e emocionalmente, manter em segredo a relação com o alimento e o corpo. Sabemos o que é estar sempre lutando contra a comida por sob a superfície. Gastamos mais tempo do que gostaríamos de lembrar brigando com nossa aparência e tentando ser o que não somos.

Quando a sua relação com o alimento e o corpo fica fora de controle, atravessar um dia é como caminhar por um campo minado. Você conclui que, não importa para onde se vire, alguma coisa vai deixá-la feia. Trapaceia com a dieta, fica horrorizada com sua aparência ao espelho, um botão salta de sua calça. No fim do dia, você está cheia de lamúrias e de ódio por si mesma outra vez. Esse turbilhão interior assume o controle. Solapa as nossas energias vitais e não nos deixa fazer aquilo que realmente queremos em nossas vidas.

Entretanto, a experiência pessoal também nos mostrou que a luta com o alimento e o corpo pode promover mudanças. Pode forçar-nos a reatar nossos laços com a vida no nível mais profundo.

Quando estamos dispostas a realizar uma mudança geral, a luta com o alimento e o corpo se torna um toque de despertar. A dor que sentimos motiva-nos a aprender o modo de nutrir o eu profundo. O livro começa nesse nível intenso de motivação. Pretende funcionar como um guia na solução de seu conflito interior.

O conflito com o alimento e o corpo

Para muitas mulheres, a consciência de que a vida é boa, de que elas têm valor e são realizadas liga-se diretamente à aparência. Quantas de nós não passamos anos sonhando com os bons tempos em que podíamos comer de tudo ou com a miragem de um corpo esguio resplandecendo ali mesmo, no horizonte!

O motivo de acharmos que a vida só vale a pena quando parecemos bem pode ser atribuído a uma série de fatores. Padrões e exigências culturais, mensagens dos meios de comunicação, a psique feminina deformada que emerge numa sociedade patriarcal, a busca da perfeição e a concorrência com outras mulheres, eis alguns dos componentes que contribuem para o problema.

Mas, quaisquer que sejam as razões, a mensagem é clara: as mulheres, em nossa sociedade, têm de ser magras para serem valorizadas. Pressionamo-nos constantemente para, "sem esforço", manter uma aparência artificial. Não somos recompensadas quando cultivamos uma aparência individual; por isso, tentamos adaptá-la à moda do dia. Não venceremos se formos o que somos *agora*. Conseqüentemente, enredamo-nos num infindável conflito com o alimento e o corpo.

O *conflito com o alimento e o corpo* é um relacionamento que domina nossos pensamentos e atos a ponto de debilitar nossas vidas. Sentimos dor e vergonha, ignoramos como escapar a esse conflito. Ele afeta todos os aspectos de nossa existência, comprometendo decisões, relacionamentos e capacidade de agir de maneira saudável.

Milhões de mulheres americanas gastam enormes quantidades de energia, tempo e dinheiro numa peregrinação ao santuário ilusório da beleza. A cada dia, quarenta por cento delas estão em dieta ativa.* Outras (de cinco a dez milhões) sofrem aparentemen-

*"Methods of Voluntary Weight Loss and Control", National Institutes of Health Technology Assessment Conference Statement, 30 de março–1º de abril de 1992.

te de distúrbios alimentares como anorexia, bulimia e ingestão compulsiva, que constituem as formas extremas dos conflitos com o alimento e o corpo.* Também fragilizantes são as formas mais sutis do conflito. E, não tão facilmente categorizáveis, temos o desmoralizador sobe-e-desce das "dietas-ioiô", a desnutrição crônica e o programa exagerado de exercícios.

Não importa como o conflito pareça por fora, a maioria das mulheres tem sentimentos notavelmente parecidos por dentro. O primeiro e mais importante é o sofrimento. Sofremos pelo que se nos apresenta como comportamentos incoerentes e armadilhas mentais. Ficamos paralisadas numa batalha entre o que desejamos que nosso corpo pareça e o que de fato vemos no espelho. Lutamos para descobrir o que comer, quando comer, quando fazer exercícios e que dieta iremos adotar desta vez. Sofremos quando o regime não funciona, quando a força de vontade esmorece, quando os padrões destrutivos de comportamento e pensamento prevalecem, quando a consecução de nossa aparência ideal fica fora de alcance – uma vez mais.

Acompanhando esse sentimento subjacente, há a sensação de vazio. É como se faltasse alguma coisa. Dentro de nós só existe o vácuo, a ânsia por uma satisfação que nos escapa. Esse sentimento insubstancial é não raro experimentado fisicamente como uma fome voraz, como se tivéssemos dentro de nós um buraco sem fundo. E se o quisermos encher, deveremos perguntar: qual é a fonte dessa sensação de vazio? No caso de muitas mulheres, trata-se do anseio por realização espiritual, que nos deixa sempre famintas e insatisfeitas.

---

* *Site* da Eating Disorders Awareness and Prevention, Inc. (EDAP): www.edap.org/edinfo/stats.html

Definimos *espiritualidade* como a crença naquilo que está além da nossa existência material e corpórea, dando-nos a certeza de que existe algo mais na vida que a experiência cotidiana. Espiritualidade é fé em Deus, na Natureza, numa consciência superior, enfim, em qualquer poder maior que nossa existência mortal pessoal.

Quando perdemos a conexão espiritual na nossa vida, podemos comer sem parar na tentativa de preencher o vazio interior. Mas a satisfação só vem depois que redescobrimos nossa ligação com aquilo que tem significado mais profundo para nós.

O Ocidente se encontra com o Oriente

Para as mulheres que vivem no mundo ocidental, estabelecer e preservar a conexão espiritual pode ser difícil. No Ocidente, religião e espiritualidade costumam ser relegadas aos domingos, aos feriados e às crises. Segundo uma pesquisa do Gallup em 1997, a respeito de crenças espirituais, o número de americanos que acreditam ter a religião perdido influência na vida das pessoas aumentou de três por cento na década de 1950 para espantosos sessenta por cento em 1997. No entanto, oitenta e dois por cento dos americanos afirmam estar cônscios da presença de Deus; cinqüenta e sete por cento relatam uma importante experiência religiosa; e trinta e seis por cento garantem ter tido uma experiência mística. Somos uma sociedade faminta de coisas espirituais, mas não as encontramos no dia-a-dia. À falta de espiritualidade, procuramos nos realizar apenas na esfera material. Isso induz muitas mulheres ocidentais a procurar significados mais profundos.

As idéias e soluções apresentadas neste livro inspiram-se em práticas espirituais e terapêuticas do Oriente. O que diferencia o método oriental é uma longa e persistente tradição de buscar a realização por meio da contemplação interior. Segundo a filosofia oriental, o mundo interior é a porta de entrada para uma existência espiritual onde encontramos significados que ultrapassam a vida corpórea. A meditação, a prece concentrada e outros estados profundos de consciência constituem exemplos de conexão ativa com a esfera espiritual interior.

A abordagem oriental leva em conta tanto a existência interior quanto a exterior. Contempla o indivíduo como um todo. Dessa perspectiva, quando a pessoa tem um problema que se manifesta exteriormente (um sintoma), existe uma causa que lhe corresponde interiormente.

Ainda segundo a abordagem oriental, é necessário tratar a causa interna para curar o sintoma externo. Se apenas se elimina o sintoma, os elementos fundamentais que provocaram o problema permanecem. Mais cedo ou mais tarde, voltarão à tona.

As dietas tradicionais do Ocidente não conseguem resolver o conflito com o alimento e o corpo porque não atacam a causa. Tentam curar o sintoma externo do excesso de peso com um regime de baixas calorias. Combatem a bulimia com Prozac. Interrompem a ingestão desenfreada de comida com supressores de apetite. Soluções externas como essas podem promover alívio rápido e funcionar por algum tempo. Mas, no fim, fracassam porque ignoraram a causa do problema.

Rudyard Kipling disse há muito tempo: "O Oriente é o Oriente, o Ocidente é o Ocidente; nunca vão se encontrar". Entretanto, as práticas terapêuticas comprovadas do Oriente são a única solução para o conflito com o alimento e o corpo tal qual se manifesta atualmente no mundo ocidental. Misturando a sabedoria de ambas as culturas, aprenderemos a curar. As mulheres, em nossa sociedade, podem achar a vida valiosa não por serem magras, mas por preencherem essa vida com significado.

O que você está fazendo agora?

Quando não encontramos significado nas circunstâncias presentes, somos assombradas por fantasmas do passado e fantasias do futuro. Somos punidas por pensamentos retroativos como "Por que comi tanto bolo a noite passada?" ou "Por que não estou tão magra quanto no último verão?" Deixando o passado, voltamo-nos para o futuro e tentamos nos consolar com projetos do tipo "Amanhã vou seguir rigorosamente minha dieta" ou "Daqui a dois meses, estarei no peso ideal".

Este livro, porém, pretende fazer você começar agora mesmo. Qualquer que seja a sua história pessoal com as dietas, ela já é coisa do passado. Quaisquer que sejam suas esperanças para o futuro, elas continuarão a ser apenas isto: aspirações, preces fervorosas. Mas se você se conhecer no presente, poderá começar a fazer as pazes com a comida e o corpo neste exato momento.

A fim de ajudá-la a iniciar o processo de cura, o livro sugere práticas que a ensinam a concentrar-se no aqui-e-agora.

Muitas dessas práticas devem ser constantemente repetidas. Você precisará de um diário para tomar notas a respeito.

Como tirar o melhor das práticas. Elas ajudarão você a entender e resolver as operações complexas de seu conflito com o alimento e o corpo. À medida que for lendo o livro, talvez ache útil parar para praticar um pouco ao longo do caminho. Mas talvez ache melhor ler primeiro o livro todo, sem se deter. Se preferir assim, procure visualizar as práticas na mente, enquanto lê. Depois de ter uma boa idéia do livro, poderá então voltar e iniciar as práticas.

Advertência: um dos maiores obstáculos à solução de problemas relacionados ao alimento e ao corpo costuma ser o perfeccionismo exagerado, que nos mantém paralisadas. Não permita que a idéia de que terá de seguir as práticas com o máximo rigor impeça-a de terminar o livro e percorrer todo o caminho para solucionar seu conflito com o alimento e o corpo.

PRÁTICA: O DESPERTAR

Agora, neste exato momento, talvez suas costas estejam doendo, você sinta fome, sua mente vagueie dispersa e você se preocupe com os compromissos que tem a cumprir. Vá um pouco mais fundo e, quem sabe, descobrirá que está triste e aborrecida por causa da conversa que teve com o marido de manhã. Ou então se sente ansiosa por causa de um trabalho inacabado no escritório. Talvez, ainda, esteja excitada com a perspectiva do jantar que terá com os amigos, à noite. Independentemente do conteúdo de *seus* pensamentos, *seus* sentimentos ou *suas* sensações físicas, isso é bem real para você neste momento.

1. Inicie esta prática escolhendo um lugar confortável onde não vá ser interrompida por pelo menos cinco minutos. Tenha à mão um relógio, seu diário e uma caneta. Sente-se com as costas retas e os músculos do pescoço descontraídos.
2. Anote no diário a hora em que começar.
3. Feche os olhos. Apenas observe o que lhe vai pela mente. Pode ser que tenha uma série de pensamentos ou perceba sons e outras sensações. O que quer que se apresente é a sua experiência do momento.
4. A primeira vez que sentir vontade de consultar o relógio, anote quanto tempo permaneceu sentada: trinta segundos, um minuto, cinco minutos. Não há um prazo certo ou errado.
5. Anote por quanto tempo continuou sentada depois de consultar o relógio. Anote também tudo o que se passar em sua cabeça durante esse período.
6. Tente agora uma variação da prática. Desta vez, antes de iniciar, focalize a mente por um instante no alimento e no corpo.
7. Feche de novo os olhos e observe tudo o que experimentar enquanto estiver sentada. Em especial, anote qualquer pensamento relacionado à comida e o que sente com relação ao seu corpo.
8. Descubra se é capaz de ficar por mais tempo sem consultar o relógio.

Reflexão: A todo instante, todos os dias de sua vida, você tem um fluxo de pensamentos e sensações que perpassa sua consciência. É esse fluxo aparentemente mundano que constitui a *sua* realidade.

O que você registrou no diário foi um instantâneo de sua experiência cotidiana atual. Quando repetir essa prática, notará certamente que pode passar mais tempo observando sua realidade presente. E é a partir do momento atual que, aos poucos, começará a solucionar o conflito com o corpo e o alimento.

PRÁTICA: QUAL É O SEU PROBLEMA?

O que a motivou a ler este livro? O que a está aborrecendo relativamente ao alimento e ao corpo? Que mudanças gostaria de operar em sua vida?

Já é tempo de identificar o que você, pessoalmente, percebe como seu *problema* e o que pretende fazer a respeito. O desejo de mudar é a sua *intenção*.

1. Reserve de cinco a dez minutos a esta prática. Sente-se confortavelmente e ventile as idéias: respire devagar, com ritmo, e atente para o som da respiração. À medida que forem brotando pensamentos, sentimentos e sensações físicas, inspire profundamente. Ao expirar, elimine ao mesmo tempo esses pensamentos, sentimentos e sensações físicas.
2. Observe agora sua experiência pessoal com o alimento e o corpo. Analise os pensamentos que surgirem sobre esse conflito: modo de agir, padrões de alimentação e sentimentos com relação ao corpo.
3. Quando abrir os olhos, pense a respeito de tudo o que cruzou sua consciência nos últimos cinco minutos. Com base no que lhe ocorreu, qual lhe parece ser o maior problema? Qual é a coisa mais importante que deseja mudar em sua relação com o alimento e o corpo?
4. Registre aquilo que considera seu problema com o alimento e o corpo, como também o que tenciona modificar – sua in-

tenção. Procure concentrar cada um desses tópicos numa única frase. Poderá escrever, por exemplo: "Meu problema é que estou quinze quilos acima do peso ideal. Minha intenção é perdê-los". Mas talvez seu caso seja um tanto vago: "Meu problema é que estou totalmente confusa a respeito de como comer de uma maneira descontraída e saudável. Minha intenção é aprender a relacionar-me normalmente com a comida".

5. No diário, registre os resultados desta prática como seu ponto de partida – o problema e a intenção iniciais. Em práticas futuras, você será solicitada a voltar a esse problema e à intenção.

Reflexão: Quando iniciar o processo de solução do conflito com o corpo e o alimento, você provavelmente descobrirá que o problema e a intenção originais não correspondem às circunstâncias do momento. Se assim for, retome esta prática a fim de verificar como está vivenciando agora o problema e a intenção. A seguir, equacione-os com as circunstâncias atuais.

A prática da cura

Educados na civilização ocidental, fomos programados para acreditar que todo problema tem uma solução fácil e rápida. Dor de cabeça? Aspirina. Tosse? Xarope. Excesso de peso? Dieta. Pronto, o problema foi resolvido!

Quando você iniciar o processo de solução do conflito com o alimento e o corpo, vai se perceber decerto ansiosa por uma solução imediata. A maioria das pessoas que já fizeram regime está à procura desse milagre instantâneo, como o prometido pelo *slogan* do Slim-Fast: "Dê-nos uma semana e eliminaremos seu excesso de peso".

Mas se resolvermos o problema em uma semana, ele reaparecerá na próxima. E se você analisar os dados da semana depois da qual "eliminou o peso", provavelmente notará que o ganhou todo de volta – além de uns quilinhos a mais, como bonificação. O método rápido que nos prometem, para salvação instantânea, nunca dura. Para encontrar uma solução definitiva, você terá de cortar pela raiz o conflito com o alimento e o corpo.

DOIS

Você está se olhando de fora?

"E se você não for boazinha", acrescentou ela, "vou metê-la na Casa do Espelho. Gostaria disso?

– Lewis Carroll, *Do Outro Lado do Espelho*

Espelho, espelho meu...

Todos os dias, antes de sairmos para o mundo, executamos um ritual diante do espelho. Às vezes hesitantes, às vezes esperançosas, ficamos face a face com o reflexo. Como a madrasta perversa de Branca de Neve, consultamos o oráculo especular e perguntamos: "Espelho, espelho meu, quem é no mundo mais bela do que eu?"

Nem todas esperamos que ele responda "ninguém". Mas, ainda assim, diariamente inquirimos a brilhante superfície refletora para confirmar nossa beleza. E acreditamos que ela nos diz a verdade.

É fácil examinar nosso reflexo e criar um quadro distorcido daquilo que somos. Para muitas mulheres, o espelho se torna o confidente mais leal, o confessor mais severo. Só ele vê os músculos flácidos da nossa barriga e os pêlos das nossas narinas antes de serem removidos. O espelho é como o padre no confessionário, a quem revelamos nosso eu verdadeiro – da barriguinha proeminente às estrias e rugas.

Muito do que sabemos de nós mesmas baseia-se naquilo que vemos. Entretanto, não podemos *realmente* ver-nos. Não podemos nos contemplar de corpo inteiro exceto no espelho, na vitrine de uma loja, numa fotografia, num vídeo. Confiamos em que essas imagens refletidas nos dirão quem somos. Mas mesmo com elas ainda não captamos o quadro todo. Não há espelho, vidraça, fotografia ou vídeo capazes de mostrar como você é por dentro.

No entanto, quando pasmamos para a imagem no espelho, convencemo-nos firmemente de que o que vemos é o que de fato somos. Ora, a ilusão de que nada mais somos que uma imagem arruína nossa vida. Que aconteceria à nossa existência interior se não passássemos de uma imagem ou reflexo?

Que é isso no espelho?

Sharon ganhou recentemente doze quilos. Nunca tendo engordado muito antes, sentia-se profundamente envergonhada com a sua aparência.

Ela contraiu a obsessão de mirar-se em toda superfície refletora que lhe surgia pela frente. De espelhos e vidraças a portas de microondas e telas de televisores desligados, sempre que Sharon olhava, sua imagem a encarava ameaçadora. Vivia cercada por críticas severas à criatura desagradável que se tornara.

Um dia, Sharon foi almoçar com os amigos num restaurante chinês. Decidida a conter-se, pediu um prato leve (legumes cozidos e frango, com molho de soja de baixo teor de sódio). Enquanto a conversa se arrastava, ela olhou para o reflexo de seu rosto no bule de chá de aço inoxidável. Com desgosto, viu gordas bochechas flácidas que quase lhe escondiam as orelhas e uns olhinhos sumidos, encimados por uma testa à Homem de Neanderthal. "Aí estou eu", suspirou Sharon, "encantadora como sempre!"

Esse pensamento arrancou-a do devaneio por alguns instantes. Notou que a imagem estava distorcida por causa da curvatura do bule. Inquietara-se com um reflexo nem um pouco mais fiel que um espelho maluco de parque de diversões.

Essa constatação levou Sharon a concluir que sua obsessão com a própria imagem representava um problema muito maior que o ganho de peso. De algum modo, perdera-se de vista como pessoa integral, imaginando-se apenas uma bola de gordura que agora pesava doze quilos a mais. Fora levada a acreditar que o reflexo era a soma total de seu ser. Depois de contemplar-se na superfície do bule, compreendeu que a imagem não passava de uma parte minúscula de sua pessoa. E, para realmente ver-se a si mesma, ela agora sabe que precisa levar em conta a totalidade de seu ser: o interior e o exterior.

PRÁTICA: OLHE-SE NO ESPELHO

Esta prática é parecida com a que se executa na posição sentada, mostrada no capítulo anterior, na qual você anota seus pensamentos enquanto permanece quieta, de olhos fechados. Desta feita, porém, você ficará de pé na frente do espelho, com os olhos abertos.

Primeira parte

1. Aproxime-se de um espelho grande. Mas antes, comprometa-se a olhar seu reflexo objetivamente. Só então poste-se diante do espelho.
2. Enquanto se observa, tome consciência do que vê.
3. Ao notar que a mente se dispersou e você já não está olhando com atenção seu reflexo, afaste-se do espelho.
4. No diário, descreva pormenorizadamente como viu seu reflexo – "curvas cheias", "braços rechonchudos", "cabelos ressecados", etc. Anote também todos os pensamentos, sentimentos e sensações que a contemplação do próprio corpo lhe provocou.
5. Registre quaisquer conclusões negativas a que chegou sobre você mesma como uma pessoa total, baseadas no reflexo: "Sou uma porca gorda" ou "Eu me odeio".
6. Anote também a parte do corpo que observou primeiro: quadris, rugas ou a mancha em sua testa.
7. Nos dias seguintes, repita esta prática. Tente retardar a observação a fim de notar o máximo de detalhes possível.

Segunda parte

Depois de completar a primeira parte, faça um esforço consciente para mudar seu ponto de vista. Isso ajudará a romper os padrões com base nos quais você se percebe.

1. Antes de se aproximar do espelho, pense na parte do corpo que costuma observar primeiro. Considere também até que ponto o desgosto com seu físico se traduz em conclusões a respeito de você mesma como pessoa integral.

2. Tome conscientemente a decisão de não olhar para as partes de seu corpo que costuma fixar primeiro. Escolha antes uma parte que lhe é indiferente ou de que goste (como olhos ou mãos).
3. Agora aproxime-se do espelho. Fixe imediatamente a parte escolhida.
4. Aos poucos, vá ampliando o olhar a fim de abranger uma parte maior do corpo. Observe se isso interrompe seu padrão de autojulgamento.

Reflexão: Continuando a analisar seu reflexo durante algum tempo, você notará que o que vê vai mudando dia a dia e até de hora em hora. O corpo é o mesmo – mas seu humor, seu estado físico ou um cumprimento que recebeu podem mudar completamente a percepção daquilo que você contempla.

Importa compreender que a *percepção* é inteiramente subjetiva e passageira. Num dia ruim, você poderá acreditar que o que vê no espelho é real e imutável. No entanto, a observação das mudanças do reflexo ao longo do tempo provará que isso não é verdadeiro.

Quando nos percebemos como nada mais que uma imagem, sofremos porque perdemos de vista nosso eu interior. Talvez saibamos, pelo raciocínio, que basear nosso valor pessoal unicamente no reflexo do corpo ao espelho é ridículo. Na prática, contudo, às vezes é quase impossível anular esse padrão profundamente arraigado de autojulgamento.

Entremear lucidez ao ritual de olhar-se no espelho pode mudar a forma convencional de ver. Quando fazemos um esforço consciente para não mais basear o valor próprio numa imagem, concluímos que somos bem mais que um reflexo no espelho.

A Aliança

Em nossa sociedade, com freqüência, a mulher vale o que parece. Como mulheres, somos programadas para considerar a aparência um dos mais importantes aspectos de nosso mérito. Mas os homens também foram programados para responder à imagem exterior da mulher.

Caminhe pela rua com uma amiga de estatura média e talvez receba alguns acenos polidos ou alguns olhares furtivos dos homens. Se percorrer o mesmo trajeto com uma amiga alta, de brilhante cabeleira loura e blusa esportiva justa, os homens pararão e olharão fixamente. Não importa quão liberadas sejamos, ainda somos julgadas pela aparência.

Nossa primeira reação será talvez colocar toda a culpa nos homens, os quais, quase por reflexo, gostam de uma "gatinha". No entanto, bem mais insidioso e destrutivo é o modo como as mulheres valorizam outras mulheres de acordo com a aparência. Podemos, intelectualmente, reconhecer que a beleza é apenas superficial; mas, no nível subconsciente, a mensagem de que o aspecto exterior tem primazia vai passando de mãe para filha e de mulher para mulher. Isso está arraigado em nós desde tenra idade. Em 1999, uma pesquisa da Universidade Exeter com garotas de doze a quinze anos revelou que 57,5% delas consideravam sua aparência o maior motivo de preocupação na vida.

É como se as mulheres possuíssem um contrato social tácito e confidencial onde reconhecessem que a aparência está acima de tudo. No presente livro, chamamos esse pacto feminino não-escrito de *Aliança*. Se você alguma vez fez dieta, julgou uma mulher pela aparência ou se comparou a uma modelo de revista, então é uma participante ativa da Aliança.

Não queremos dizer que uma bela aparência deva ser menosprezada: cultivá-la, na verdade, é ótimo para a saúde e o bem-estar. Mas quando você perde de vista o que realmente tem significado em sua vida e insiste apenas na aparência, então a Aliança se mostra destrutiva.

Quando nos cansamos de tentar ser o que não somos, é sinal de que já basta. Se você decidir que não permitirá mais ao aspecto exterior defini-la como criatura humana, estará pronta para quebrar a Aliança.

E o que acontece quando decide quebrar a Aliança? Como ficam as outras pessoas, que continuam a aplicar seus padrões a você? Você pode romper com a Aliança, mas não pode romper consigo mesma. Avançar sozinha contra a maré da sociedade é assustador. Talvez experimente uma sensação de medo, de mau presságio. Mas então as coisas começam a diluir-se – que alívio, ficar livre da armadilha!

Quando você resolver quebrar a Aliança, perceberá alguma coisa sutil e poderosa se passando em seu íntimo. Começará a despertar. Compreenderá que gastou tanto tempo preocupando-se com a comida e a forma física que perdeu com isso anos de vida.

Enquanto contava calorias e se pesava, seu verdadeiro drama estava sendo representado em outro palco. Reflita um instante: mais ou menos quanto tempo, ao longo dos anos, você passou obcecada pelo alimento e pelo corpo? Pense nas grandes coisas que poderia ter realizado com a mesma quantidade de tempo e energia. O que deixou de fazer foi, de fato, viver a vida e buscar aquilo que era significativo para você como pessoa. Se não seguir mais os preceitos da Aliança, terá finalmente a oportunidade de encontrar seu próprio significado.

Transgressão

Tentando mudar para adaptar-se aos ideais da Aliança, você sofre profundamente. Quando pretende ser o que não é, atraiçoa suas próprias verdades a serviço das que vêm de fora.

Quando ultrapassa a linha interior da autenticidade, sabendo que está contrariando suas crenças e valores mais profundos, comete transgressão contra si mesma. Fomos instruídas a aceitar e perdoar transgressões – tanto as que os outros cometem contra nós quanto as que nós cometemos contra os outros.

Mas que dizer das transgressões que cometemos contra nós mesmas? Quando negamos nossa própria essência, o dano ocorre por dentro e não é visível de fora. É pior do que sermos forçadas por outrem a fazer aquilo que não queremos ou aquilo em que não acreditamos – pois estamos contrariando nosso senso íntimo do certo e do errado.

O sentimento de autotraição é também familiar às mulheres que têm um conflito com o alimento e o corpo. Rejeitamos o que de fato somos em favor de um eu "novo", "melhorado" ou "muito melhor". Nossos valores e padrões sucumbem diante dos valores "superiores" da Aliança. Quando agimos assim, inevitavelmente cometemos transgressão contra nós mesmas.

Os olhos não vêem tudo no quadro

Quando você se julga com base em sua aparência exterior, torna-se prisioneira da crença de que nada mais é que um corpo. No entanto, para todas nós, existe uma realidade mais profunda por baixo da superfície. Essa realidade corresponde àquilo que somos no nível espiritual e anímico: a percepção do que é verdadeiro, significativo e imutável. Aprender a entrar em contato com essa realidade profunda constitui um fator-chave para a solução de qualquer conflito com o alimento e o corpo.

É natural que você se identifique com o seu corpo. Ele é a fronteira entre você e o resto do mundo, sua embalagem que os outros vêem. Uma vez que o corpo é a parte que entra em contato com o resto do mundo e possui necessidades prementes – temos de lavá-lo, nutri-lo, etc. –, ele representa, de certo modo, a coisa mais concreta com que lidamos no dia-a-dia. Pode, por isso mesmo, tornar-se o ponto focal do nosso senso do eu.

Você, porém, *é* mais que o seu corpo. Prova concludente disso é o fato simples de que, quando a pessoa morre, seu corpo permanece, mas ela própria se vai. Quem estava aqui e quem partiu após a morte?

Na verdade, o espelho pode ser seu aliado na constatação de que você é mais que o seu corpo. Observando sua forma física mudar com o tempo, compreende enfim que a imagem externa não é permanente. Às vezes, o espelho nos mostra coisas de que gostamos; outras, não – mas tudo são apenas instantâneos do nosso exterior. Quando examinar sua aparência, pergunte-se: "Quem, de dentro, está olhando para fora?"

Do outro lado do espelho (e o que Alice descobriu ali)

Assim como Alice atravessou o espelho para descobrir um mundo maravilhoso e desconhecido, existe uma terra invisível que se oculta dentro de nós. Não há, porém, um espelho que nos devolva o reflexo dessa paisagem interior com seu emaranhado de pensamentos, emoções, sensações, percepções e lembranças.

Assim como é amedrontador caminhar por uma vereda desconhecida da floresta, em plena noite, sem idéia do que nos espera, também pode ser aterrorizante mergulhar dentro de nós mesmas e descobrir o que está lá no fundo. Achamos que, controlando a aparência externa, controlamo-nos a nós mesmas, nossa vida e nosso destino.

Mas somos criaturas com um interior *e* um exterior. Para muitas mulheres envolvidas no conflito com o alimento e o corpo, o interior é que é vitimado. Quando nos sentimos desesperadamente infelizes com a nossa aparência e a nossa vida, isso vem de dentro.

Se o senso do eu provém da aparência, insistimos em aperfeiçoar o exterior. Gastamos um tempo inacreditável contando calorias, fazendo ginástica e subindo à balança, numa eterna tentativa de renovar nosso aspecto. A satisfação, no entanto, parece escapar-nos. De algum modo nunca conseguimos preencher o vazio interior. Domina-nos o incômodo sentimento de que está faltando algo de importante em nossa existência.

Alice era uma aventureira, uma garota espicaçada pela vontade de descobrir o desconhecido. Sentia-se impelida a penetrar no mundo inexplorado a fim de descobrir o que se encontra do outro lado do espelho. Com vistas à cura, também nós precisamos achar a entrada e empreender nossa própria jornada de autodescoberta. Talvez o caminho para esse mundo oculto esteja cheio de perigos. Mas se a exploração do desconhecido envolve riscos, também proporciona uma recompensa suprema, a resposta às perguntas: "Quem sou eu? Serei algo mais que uma imagem no espelho?"

TRÊS

Volte-se para fora

Só com o coração podemos ver corretamente; o essencial é invisível ao olho.

– Antoine de Saint-Exupéry, *O Pequeno Príncipe*

O que existe aí dentro?

Se você já teve a oportunidade de mergulhar com um tubo de oxigênio nas águas de uma fonte, a experiência pode ter sido assustadora. Deslizando serenamente, acostumamo-nos aos declives e curvas do fundo, onde as plantas aquáticas se agitam com graça. Súbito, chegamos à boca da fonte e vemo-nos à beira de um buraco de grande profundidade. Mesmo continuando a flutuar nas águas, ultrapassar aquela borda produz uma aterrorizante ilusão. Parece que vamos cair no sorvedouro e descer às profundezas da terra.

Para muitas mulheres, a simples idéia de olhar para dentro de si mesmas pode ser igualmente assustadora. Mas se você conseguir vencer esse momento de terror, perceberá que não há perigo de destruir-se. Ao contrário, tal como a boca da fonte revela novas profundidades de beleza, assim contemplar o eu interior enseja-nos a experiência de uma dimensão mais entranhada da vida.

Na sociedade ocidental, muitas vezes consideramos essa dimensão interior o campo dos psicólogos. Quando mulheres discutem a causa de seu conflito com o alimento e o corpo, a conversa muda facilmente para avaliações psicológicas. Algumas contam que a mãe ou as irmãs criticavam sua aparência, competiam com elas, ignoravam-nas ou viviam falando em dietas e calorias. Outras associam os problemas com o alimento e o corpo ao perfeccionismo, aos relacionamentos amorosos ou a quaisquer outros fatores psicológicos importantes que modelaram a vida delas.

Reconhecer a base psicológica que nos induz a comer ou deixar de comer é um passo necessário para resolvermos o conflito com o alimento e o corpo. Os problemas psicológicos – fatores mentais e emocionais – que rondam nossa percepção do próprio corpo e a relação que temos com o alimento são extremamente significativos. Trabalhar com um terapeuta conceituado para compreender as questões psicológicas que nos mantêm presas ao citado conflito é um processo que consideramos essencial.

No presente livro, exploramos a dimensão interior por meio de práticas orientais que integram mente, corpo e emoções. Contudo, a terapia ocidental e as práticas mente/corpo orientais são complementares. Adotá-las simultaneamente pode tornar cada processo mais produtivo. Com a ajuda de um terapeuta, você aprenderá a examinar ações e estados emocionais utilizando o pensamento lógico e a razão. Graças às práticas mente/corpo, você conseguirá serenar a mente, analisar as emoções e ouvir as mensagens enviadas por seu corpo. A combinação dos dois métodos oferece-lhe o melhor dos dois mundos. O Oriente se encontra de novo com o Ocidente.

Felicidade profunda

À primeira vista, Michelle não parecia ter problemas com o alimento e o corpo. Seu peso era normal e ela era atraente. Mas Michelle tinha um segredo. Durante anos vivera um círculo vicioso em que se empanturrava de comida, depois ingeria laxantes, forçava-se a vomitar ou passava fome dias a fio para "compensar" as calorias extras.

Michelle procurou aconselhamento nutricional, esperando encontrar uma saída para esse processo doloroso. No curso da terapia, um de seus exercícios consistiu em desenhar a visão que tinha de seu interior. A princípio, fez um esboço um tanto amorfo. Na seqüência, elaborou uma série de peças interligadas que mais pareciam países num mapa. Ela identificou essas peças como fragmentos de sua vida – a paixão musical, as dúvidas quanto à aparência, o emprego, os relacionamentos, etc.

Quando ela retornou aos desenhos, uma semana depois, reparou que nenhuma das formas representava seu comportamento secreto de comer em excesso. Embora o objetivo de Michelle, no tratamento, fosse entender essa maneira de agir, compreendeu que continuava ocultando seu segredo por ser muito penoso, para ela, admitir seu verdadeiro perfil. Soube então que, a fim de superar o problema, devia encarar-se tal qual era agora.

Reconheceu que os desenhos regulares originais só mostravam a superfície. Para esmiuçar mais profundamente a questão, fechou os olhos e pôs-se a visualizar como deveria ser o desenho de seu comportamento de comer e vomitar. Percebeu, com os olhos da mente, uma forma repulsiva que parecia representar tudo o que estava dentro dela. Lembrava uma sacola cheia de vermes vivos e rastejantes. Enquanto contemplava a sacola, esta se transformou de súbito numa gigantesca cloaca atulhada de lixo podre e infestada de ratos, que forcejavam por escapar.

Michelle sentiu-se aterrada e nauseada ante essa imagem. Mas, sabendo que a cloaca surgira da contemplação de seu próprio regime alimentar, viu-se obrigada a examiná-la mais detidamente. Reunindo coragem, imaginou-se removendo a tampa da cloaca e mirando a fossa pululante.

Esperava ser atacada pelos ratos. No entanto, ao imaginar-se erguendo a tampa, a nojenta cloaca que visualizara dentro de si tornou-se silenciosa e vazia. Foi quase cômico: o que a seu ver seria um terrível confronto interior não era nada. Pela primeira vez, pôde encarar seu comportamento secreto em relação à comida e sentiu-se inteiramente aliviada.

Michelle sabia que ainda tinha muita coisa a fazer para modificar o comportamento de comer e vomitar. Todavia, ao remover a tampa da suposta cloaca interior, dera o primeiro passo para a solução do conflito com o alimento e o corpo: vira-se como realmente *era*, não como temia que fosse.

De volta ao lar

O poeta T. S. Eliot disse, com simplicidade: "O lar é o local de onde começamos". Embora estejamos ansiosas para alcançar o futuro, quando todos os nossos problemas serão finalmente solucionados a contento, é daqui – de agora – que precisamos começar.

O problema, para a maioria de nós, é que consideramos nosso "agora" insuportável. Sentimo-nos sem controle sobre o regime alimentar, sentimo-nos com excesso de peso, sentimos nosso corpo longe do ideal. O que nos paralisa é a tentativa de partir de outro lugar e não de onde estamos realmente.

Ora, não estamos nem no passado nem no futuro. Estamos aqui, agora, envolvidas em todas as circunstâncias presentes que formam a nossa vida: nossos relacionamentos com o marido, filhos, família, amigos; nossa carreira profissional; nosso dinheiro; nossas emoções; nossas predileções; nossa genética; nossa história pessoal; nosso corpo tal qual é atualmente. Essas circunstâncias são fundamentais para todas nós. Existem hoje e com elas devemos trabalhar se, amanhã, quisermos fazer mudanças.

Digamos, por exemplo, que você se odeie porque está acima do peso. Se adotar uma dieta rigorosa, talvez dentro de um mês comece a notar mudanças em sua aparência. Porém, mesmo no quadro da dieta mais rápida, aquilo pelo que está se punindo hoje provavelmente não vá ser remediado amanhã.

A única coisa que você *pode* modificar de imediato é o ponto de vista. Chega um momento na vida em que já não é possível relegar a felicidade a um futuro em que tudo por fim esteja em ordem. Agora, neste exato momento, enquanto lê estas palavras, você tem a oportunidade de ser feliz. Não há força mais poderosa para a verdadeira mudança de vida, no futuro, que aprender a ser feliz hoje, assim mesmo como somos, à vontade em nosso corpo.

PRÁTICA: VOCÊ É FELIZ?

Quantas vezes você já não disse a si mesma: "Se eu parasse de me preocupar com a comida e perdesse uns seis quilos, seria feliz"? Embora seja coisa aparentemente superficial caber num vestido tamanho pequeno, mudar circunstâncias como o comportamento anoréxico ou encontrar um parceiro, muitas mulheres acham que seriam felizes "se...".

1. Pense, por um momento, no que é sua vida hoje. Você se sente *completamente* feliz com as coisas tais quais são? Se sua resposta for não, registre no diário aquilo que poderia fazê-la realmente feliz. Aponte tudo o que, a seu ver, remediaria a situação: mudanças físicas (barriga chata, quadris mais estreitos, seios menores ou maiores), progresso material (carro novo ou casa maior), transformações de vida (emprego ou relacionamento mais satisfatório) ou fantasias extravagantes (ser uma supermodelo, ganhar na loteria). Escreva tudo o que lhe vier à mente.
2. Reorganize e hierarquize a lista de acordo com o que lhe parecer mais importante para solucionar o conflito com o alimento e o corpo.
3. Trabalhe com os três primeiros itens da lista. Examine-os um por um, imaginando que cada qual se realizou e que seu de-

sejo foi satisfeito, tornando-se uma porção real e vital de sua vida. Pormenorize o modo como isso, caso fosse verdadeiro, transformaria sua existência. Deixe a mente vagar, enquanto imagina realizados seus sonhos de felicidade.

4. Antes de dar o próximo passo, certifique-se de que imaginou minuciosamente os elementos do desejo que poderia fazê-la feliz.
5. Quando essa visão for a mais completa possível, pergunte-se de novo: "E agora, sou mesmo totalmente feliz? Desejo mais alguma coisa?"
6. Se ainda faltar algo, aquiete a mente e volte a perguntar-se o que lhe traria felicidade. Repita isso várias vezes, empenhando mente, alma e coração no esforço de obter uma resposta.

Reflexão: Ao praticar esse exercício, você provavelmente descobrirá que tem inúmeros desejos. Talvez inicie a lista das condições de felicidade mencionando o que mais a aborrece no momento, como coxas muito grossas. Todavia, quando realiza (na imaginação) seus desejos mais superficiais, você começa a voltar-se para seus desejos mais profundos.

Dramatizando a fantasia do que, a seu ver, lhe propiciará felicidade perene (barriga achatada, por exemplo), não raro você descobre que a satisfação do desejo não é a cura mágica pela qual longamente anseia.

O que é a felicidade? De onde ela vem?

Faça-se uma pergunta enganadoramente simples: por que você se esforça tanto para mudar sua aparência e sua relação com o alimento? A resposta vai diretamente ao âmago da questão: para ser feliz.

Sim, queremos operar mudanças para ser felizes. A ânsia de felicidade é uma das maiores motivações na vida de qualquer pessoa. Negar-nos a felicidade básica traz o maior dos prejuízos ao nosso bem-estar.

A felicidade pode trabalhar a seu favor ou contra você. Desejar algo que não pode ter torna-a infeliz; mas ter o que deseja nem sempre a satisfaz. Você pensa: "Ah, se eu comprasse aqueles sapatos da vitrine ficaria feliz, estou certa disso!" Meses depois, enquanto os tais sapatos se cobrem de poeira no armário, seu anseio inestancável de felicidade fixa-se num novo objeto de desejo, e em mais outro, e em outro mais...

Em contrapartida, quando o que deseja é precisamente aquilo de que necessita, pode animar-se a ir mais longe do que acha possível. Por exemplo, você conclui que ficaria feliz se voltasse à escola e se formasse numa matéria de seu gosto. O desejo de realizar esse sonho de felicidade talvez a motive a completar a difícil tarefa de obter o diploma. Sem dúvida não ficará delirantemente feliz a cada momento de cada dia, enquanto persegue seu objetivo, mas sentirá ter alcançado a felicidade num nível mais profundo.

Freqüentemente acreditamos que possuir os objetos desejados – bens, relacionamentos, idéias – nos tornará felizes. Decerto, algumas dessas coisas proporcionam satisfação ou prazer imediato, como um lisonjeiro reflexo no espelho, uma barra de chocolate ou o alívio de sentir-se bem após uma gripe. Mas depois que nos afastamos do espelho, comemos o chocolate ou percebemos a volta do resfriado, o contentamento se vai. Quando a nossa felicidade depende de coisas transitórias, temos sempre de sair no encalço de outras novas, para preservá-la.

Mas, para todas as pessoas, existe outra forma de felicidade, não-transitória, que se sustenta e se renova. Nós a encontramos quando entramos em contato, na vida, com algo que consideramos pessoalmente gratificante e significativo. Embora as outras pessoas, os bens ou os pensamentos possam fazer parte dela, não são a origem dessa forma mais profunda de felicidade interior. A felicidade íntima simplesmente *é*.

Tratando-se de mulheres envolvidas no conflito com o corpo e o alimento, acreditar que a felicidade depende da aparência costuma ser fonte de grandes dissabores. Pernas esguias, corpo bem-feito e olhares de aprovação masculinos, eis o que buscamos para ser felizes. Se você passou a vida fiando-se da Aliança – achando que a aparência está acima de tudo –, talvez chegue a acreditar que o bom aspecto é a felicidade personificada.

Com efeito, ao aceitarmos a Aliança da sociedade, para a qual todas as coisas boas vão cair nas mãos das pessoas bonitas, então teremos de acreditar mesmo que a beleza é a própria felicidade. Todas as alegrias da vida, portanto, serão suas se vencer o concurso de modelos; mas, como percebeu graças à prática do "Você é feliz?" (página 50), as coisas que parecem tão desejáveis – como alguns quilos a menos no corpo ou alguns centímetros a mais na altura – não garantem a felicidade absoluta.

A verdade é que, dentro de muitas mulheres, há uma voz pequenina que se amplifica quando finalmente estão fartas de tudo: e ela diz que *queremos* algo mais da vida que uma boa aparência. Se, no fim da vida, tivéssemos de resumir nossas maiores realizações na frase "Eu era bem magra", isso não bastaria.

Insistir no mito de que a beleza está acima de tudo não traz felicidade. Chegou então a hora, para nós mulheres, de formar uma nova Aliança. Devemos dialogar e dizer francamente umas para as outras que a felicidade duradoura não depende apenas de sermos magras e estarmos na moda. Somos verdadeiramente felizes quando vivemos uma vida rica de significados capazes de preencher o vazio interior – significados que *nós mesmas*, e não os outros, definimos.

Mas como atinar com o que dá significado à vida – não uma vida qualquer, mas a *nossa*?

O significado do dharma

O conceito de levar uma vida com propósito e significado é capital na filosofia hindu: chama-se *dharma*. *Dharma* tem inúmeras acepções nessa filosofia, entre as quais "justiça", "lei natural", "dever", "retidão", "princípios morais", "aquilo que une", "fidelidade a si mesmo", etc. O pensamento budista refere-se ao *dharma* de maneira parecida e a filosofia chinesa tem um conceito paralelo chamado *Tao* (pronuncia-se "Dao").

Segundo esses antigos sistemas de pensamento orientais, as pessoas têm seu objetivo próprio e único (*dharma*), a cada instante em particular e na vida como um todo. Acredita-se que encontrar e perseguir o *dharma* individual é o dever e o propósito final da existência humana.

O *dharma* pode ser definido como a natureza íntima e o cerne espiritual da pessoa. Ações e crenças certas para uma podem ser erradas para outra. Meu *dharma* talvez seja utilizar meu talento na pintura, enquanto o seu será usar sua aptidão para o comércio.

No entanto, o *dharma* pessoal não pode ser isolado do contexto da vida como um todo. Os filósofos orientais enfatizam que agir corretamente, de acordo com o próprio *dharma*, mas desconsiderando o resto, não basta para entrar em contato com a natureza interior. O *dharma* pressupõe responsabilidade para com a natureza íntima e, ao mesmo tempo, com as circunstâncias da vida.

O *dharma* reflete não apenas o nosso objetivo pessoal como também o modo de buscarmos significação no contexto da nossa vida tal qual é agora. Trata-se da intricada relação entre aquilo que somos como indivíduos isolados e aquilo que somos como parte do mundo em sua inteireza.

Segundo o pensamento oriental tradicional, contrariar o *dharma* é errado porque ignora ao mesmo tempo nossa natureza pessoal e nosso lugar certo no mundo. Se meu talento e meu grande amor na vida são a arte e, em vez de fazer uso desse talento, escolho uma carreira nos negócios, estou indo contra meu *dharma* pessoal. Entretanto, não estarei igualmente perseguindo meu *dharma* se me dedicar à arte em detrimento das responsabilidades para com a família e outras circunstâncias da vida.

O *dharma* pode ser considerado aquilo que atribui significação e finalidade pessoal à existência. Mas viver uma vida orientada por esse senso interior de significação pode ser difícil numa sociedade que privilegia o mundo das aparências.

Levar uma vida plena e realizada costuma ser um desafio sobretudo para as mulheres. Por vários modos, as mulheres ocidentais gozam hoje de muito mais liberdade que em qualquer outro período da história. Estamos mais capacitadas a escolher nosso estilo de vida e nossa carreira. Tornamo-nos uma força que tem de ser levada em conta politicamente. Todavia, continuamos prisioneiras da Aliança, limitadas pela crença de que só encontraremos a felicidade se formos bonitas.

Dado que somos indivíduos, a realização e a significação são coisas absolutamente pessoais, que devem ser dirigidas de dentro e emanar de nosso íntimo. Semelhante busca tem de harmonizar-se com o *dharma* de cada qual – quem somos por natureza, quais são as nossas circunstâncias particulares e o modo como nos inserimos neste mundo.

Qual é o seu objetivo pessoal?

Encontrar o próprio *dharma* ou objetivo pessoal é tarefa para a vida inteira. Seu *dharma* é a força orientadora que atiça o apetite de sua mente e a paixão de sua alma. Da perspectiva do Ocidente, o *dharma* é também o papel de cada pessoa no cosmos. Todos nós temos uma importante contribuição a dar à ordem do universo. Assim, encontrar o senso individual de significado é de fato uma grande responsabilidade pessoal.

Tentar identificar o objetivo pessoal pode ser um tanto difícil a princípio. E talvez você ache mais fácil *senti-lo* do que descrevê-lo em palavras.

Porém, depois de trabalhar por algum tempo com esse objetivo, você começará a notar quando está agindo ou não em sincronia com ele. Se agir de acordo com o seu *dharma*, sentir-se-á em contato com o seu senso pessoal da verdade. É como se o objetivo pessoal fosse uma estrela polar, com um poderoso ímã interior a nos puxar com força para aquela direção. Sem dúvida, quando você estiver harmonizada com seu objetivo pessoal, nem tudo acontecerá necessariamente como você gostaria. Mas, bem no fundo, você saberá que as coisas estão caminhando como deveriam.

Buscar o objetivo pessoal nos ajuda a alterar nosso relacionamento com a comida e o corpo de um modo que nenhuma dieta orientada de fora lograria. Quando encontramos a satisfação autêntica que vem da realização do objetivo pessoal, não precisamos mais buscar a felicidade no alimento ou na aparência.

PRÁTICA: COMO DESCOBRIR O OBJETIVO PESSOAL

Parte I – Defina o que é significativo

Você pode esboçar o que considera ser seu objetivo pessoal fazendo a si mesma algumas perguntas. As respostas a elas irão ajudá-la a formular uma declaração de objetivo pessoal, que refletirá sua natureza interior no contexto dos relacionamentos e eventos tanto de sua vida quanto do mundo como um todo.

Repita muitas vezes essa prática, de modo a permitir que seu objetivo pessoal evolua e se aprofunde. A prática é dividida em três partes. Talvez você prefira adotar uma por vez, a fim de dar-se um pouco mais de tempo em cada seção.

Comece respondendo a estas perguntas:

1. Que dons e energias ofereço ao mundo?
2. De que modo meus dons e energias se refletem naquilo que faço no mundo?
3. Em que as pessoas dizem que sou boa ou que coisas apreciam em mim?

4. Quais são as três atividades que mais gosto de empreender?
5. Que coisas me atraem com mais intensidade na vida?
6. Pratico-as muitas vezes ou apenas sonho em praticá-las "um dia"?
7. Haverá atividades que costumava realizar na infância, além de crenças ou conceitos que cultivava quando era mais jovem, que já não incluo em minha vida atual?
8. Quando levo a cabo as atividades que mais me apaixonam ou as de que gostava na infância, como me sinto interiormente? Que gratificação íntima me sobrevém?

Essas oito perguntas ajudam-nos a entender nossa natureza tal qual é vivenciada por dentro e manifestada no mundo. E as respostas esclarecem a especificidade de nossa natureza – aquilo que nos torna apaixonados e nos dá significado à vida.

Muitos de nós se apercebem das coisas que fazemos bem ou apreciamos. Mas talvez não consigamos avaliar ou apreender alguns de nossos talentos e dons interiores. Às vezes, achamos que conhecemos bem as nossas habilidades ou simplesmente as passamos por alto.

A fim de resumir as respostas às perguntas acima, estabeleça primeiro suas três maiores habilidades. Ao mesmo tempo, considere quais são, na opinião dos outros, os seus talentos. Talentos e predileções constituem um reflexo de sua verdadeira natureza: aquilo que você realmente é.

Agora responda às demais perguntas:

9. Houve uma ou mais ocasiões em que tive a sensação de conexão com minha verdadeira natureza?

10. Quais seriam as três coisas que eu faria a fim de tornar o mundo um lugar melhor para viver?

11. Hoje executo conscientemente meu trabalho e relaciono-me com as pessoas de um modo que parece em consonância com o que sou e com meu senso íntimo da verdade?

12. Se tivesse de morrer hoje, acharia ter feito de minha vida o que desejava? Sentiria ter alcançado meu objetivo?

As respostas a essas perguntas finais ajudarão você a perceber como sua natureza interior se reflete no mundo. Também lhe mostrarão a maneira de criar uma vida em harmonia com o que você realmente é e de alcançar seu objetivo pessoal.

Agora você está pronta para fazer uma declaração inicial desse objetivo. Ela se ampliará e se modificará com o tempo.

O objetivo pessoal é a visão apaixonada daquilo que mais nos importa na vida e daquilo a que mais gostaríamos de nos dedicar. A declaração deve ser inspirada pelo forte sentimento que nos assalta quando estamos em contato com nossa verdadeira natureza. Eis a sua chance de materializar sonhos. Uma declaração de objetivo pessoal não precisa ser imediatamente realizável. Pode ser um alvo a longo prazo, que a sustente ao longo da vida, dotando-a de visão e motivação duradouras.

Convém rever as respostas às perguntas 8, 9 e 12 ao formular a declaração de objetivo pessoal.

Escreva essa declaração no alto de uma página em branco de seu diário.

Reflexão: Quando você perde muito tempo se preocupando com o alimento e o corpo, deixa de considerar o que realmente tem significado. Mas quando determina claramente seu objetivo pessoal, passa a enfatizar o que realmente importa para você.

A declaração de objetivo pessoal constitui um lembrete daquilo com que mais nos importamos na vida. Quando a vida apresenta seus inevitáveis desafios, que nos levam a duvidar do que fazemos, o objetivo pessoal permite ver se estamos no rumo certo ou não. Evocar o objetivo pessoal ajuda a pessoa a alterar sua perspectiva de modo a perceber que a dieta e a aparência do corpo não são as coisas mais importantes neste mundo.

Parte II – Defina as suas circunstâncias

Agora, a fim de inserir o objetivo pessoal no contexto de sua existência tal qual é atualmente, você examinará as circunstâncias específicas que constituem *sua* vida.

1. Esvazie a mente, feche os olhos e reflita nos elementos do contexto no qual você vive a sua vida:

- Família
- Relacionamentos extra-familiares
- Trabalho
- Sociedade

Essas são as circunstâncias de sua vida. Escreva agora uma declaração sobre o que, nelas, a faz sentir-se satisfeita ou feliz. Considere também o que a deixa aborrecida, insatisfeita ou infeliz.

2. Em seguida, resuma suas circunstâncias pessoais referentes ao alimento e ao corpo. Feche os olhos de novo e, desta feita, concentre-se no conflito com o alimento e o corpo.

- Por que seus pensamentos e atitudes com relação ao alimento e ao corpo a deixam aborrecida?
- Por que gostaria que seu convívio com o alimento e o corpo fosse diferente?

Reflexão: As circunstâncias tanto de sua vida quanto de seu conflito com o alimento e o corpo encontram-se no ponto de onde você começa. Eis a sua realidade atual. Ao perseguir o objetivo pessoal, leve em conta essa realidade. Você precisa realizar seus sonhos e fazer mudanças onde está, não onde não está.

Quando começamos do presente e trabalhamos por mudanças, as circunstâncias que nos cercam também evoluem. Então, a definição de nossos problemas e intenções inevitavelmente se altera. Para refletir essa evolução, passe sempre que possível em revista o problema e a intenção originais, tais quais definidos no Capítulo 1.

Agora, considere por um instante as circunstâncias de sua vida, as circunstâncias de seu relacionamento com o alimento e o corpo, e sua declaração de objetivo. Com tudo isso em mente, reformule o problema e a intenção, registrando-os em seguida no diário.

Bem-vindo ao lar

Traduzindo em palavras nosso objetivo pessoal, voltamos para casa. E é aí que está você agora, em face das partes insuportáveis de sua vida, que daria tudo para modificar. Mas, com o mesmo empenho, você é também a sonhadora apaixonada do potencial supremo de sua existência.

Como consegue manter contato com os sonhos em meio às circunstâncias atuais – não em teoria, não nas páginas de um diário, mas enquanto se movimenta pelos meandros do cotidiano?

Esse é o desafio que as práticas orientais referentes à mente e ao corpo procuram enfrentar. Elas nos ensinam a mergulhar fundo em nosso íntimo para entrar em conexão com o *dharma*, sem contudo fugir das circunstâncias presentes.

QUATRO

A Importância de uma prática

Acorda! Acorda! Ó tu que dormes no País das Sombras, acorda e cresce!

– William Blake, *Jerusalém*

A manhã seguinte

Qualquer uma de nós que tenha adotado *a* dieta para acabar com todas as dietas sabe bem como é excitante estar na iminência de realizar uma mudança. Não há nada melhor que retomar enfim o controle da própria vida, rompendo as amarras que nos imobilizavam há tanto tempo. Podemos hesitar um pouco diante das dificuldades que iremos enfrentar. Mas quando a pessoa está pronta e ansiosa por mudar, consegue quase respirar o ar de liberdade enquanto avança rumo à terra prometida.

O momento exato em que estamos intensamente motivados a operar uma mudança profunda em nossa vida representa uma grande oportunidade. Então, não vivemos no passado nem sonhamos com o futuro: estamos presentes aqui e agora, com todas as nossas energias concentradas. Arregimentamos nossos recursos interiores para encarar o desafio e dispomo-nos a realizar com eles a façanha. Nós *realmente* queremos mudar.

Entretanto, se você é uma veterana dos regimes alimentares, ninguém precisa lembrá-la de uma triste verdade: quase todas as dietas não são o fim de todas as dietas. Se elas funcionassem, você não precisaria recorrer a outras. Quando a dieta falha de novo, a grande excitação e a ânsia de mudar transformam-se em decepção e desânimo. Acusamo-nos repetidamente pelo fracasso: "Não tive força de vontade suficiente, não me exercitei como devia, estou condenada a ser balofa".

O que deu errado: a dieta, você ou ambas as coisas? Justamente quando você pensava ter tudo sob controle – pois achara a proporção certa entre a restrição alimentar e a ginástica – algo não funcionou. Ei-la de novo na mesma condição penosa da insegurança e da mágoa, desejando tentar outra vez amanhã. Trata-se de um círculo vicioso e você está no centro dele, mais e mais desesperada a cada giro da roda.

Chamamos esse padrão de repetição inútil de *síndrome da manhã seguinte*, bastante conhecido da maioria das mulheres. Na noite anterior, a certa altura, você perdeu completamente o controle. Desgarrou-se, abandonou a dieta. Depois que a vergonha e o desgosto desaparecem, depois que a sensação de empanturramento se esvai aos poucos, lá está você de volta à estaca zero – outra vez.

A fim de romper positivamente esse círculo, recorremos às metodologias das tradicionais práticas orientais referentes ao corpo e à mente, e aplicamo-las a estratégias conscientes com vistas a solucionar os conflitos com o alimento e o corpo.

A prática do objetivo

Pelo que podia lembrar, Roberta sempre fora obesa. Foi a vontade de alcançar seu objetivo pessoal que lhe abriu, pela primeira vez na vida, a perspectiva de livrar-se do conflito com o alimento e o corpo.

Na infância, Roberta passava muito tempo sozinha a ler e, quando brincava com as outras crianças, era quase sempre ridicularizada e rejeitada por causa de seu peso. De vez em quando, sem grande entusiasmo, arriscava uma dieta de emagrecimento. Estava, porém, firmemente convencida de que, tal como a mãe, tinha ossos grandes e metabolismo lento, que a condenavam a ser "gorda".

Nos dias ruins, Roberta captava as mensagens da Aliança e ficava extremamente deprimida. Sabia não haver meio de, algum dia, adequar-se aos ideais propalados pelas revistas e pela televisão. Reagia fechando-se no quarto e encontrando compensação em petiscos. Seu único consolo, além da comida, era a leitura. Quando lia, sempre se sentia feliz, apaixonada e viva. Escondida no quarto com seus livros, era livre na imaginação e no amor à literatura.

Quando Roberta pela primeira vez buscou aconselhamento, não tinha muita confiança em sua capacidade de mudar de vida. Mas apegava-se ao conceito segundo o qual o problema do peso é sintoma de uma ânsia mais profunda de significação. Quando deixou que sua imaginação vagasse e explorasse livremente a possibilidade de definir um objetivo pessoal, sentiu um entusiasmo e uma motivação que raramente havia experimentado.

Percebeu que havia uma coisa que sempre quisera fazer, mas receava levar adiante: desejava ardentemente ensinar crianças a extrair dos livros o mesmo prazer que ela própria usufruía. O amor à leitura amparara-a nas horas difíceis e solitárias da vida.

Roberta trabalhava como escriturária numa farmácia. Achava o emprego enfadonho, mas sentia-se segura naquele ambiente sossegado. Enquanto pensava num modo de escapar e tornar-se professora, teve um vislumbre de suas chances: podia continuar a fugir do mundo e a esconder seus verdadeiros talentos, ou permitir que seu sonho a libertasse da solidão e do sofrimento auto-impostos.

Não lhe escaparam igualmente incontáveis peças de seu quebra-cabeça pessoal, que ela sabia não poder encaixar da noite para o dia, como a obesidade, o complexo de inferioridade e a depressão. No entanto, o desejo de ensinar era muito forte, oriundo do âmago de seu ser. Notou que o simples reconhecimento de seu objetivo pessoal já lhe proporcionava uma sensação profunda de mudança e gratificação imediatas.

Sabendo que devia começar de onde estava para concretizar aquele sonho, Roberta descobriu que tinha de caminhar muito até tornar-se professora. Em sua mente, o desafio era tremendo: encontrar dinheiro e tempo para obter um diploma, procurar emprego numa escola, etc. Mas tinha certeza de que perseguir apaixonadamente esse sonho valia a pena. Estabeleceu então que devia seguir passo a passo e superar cada etapa. Decidiu ter sempre diante dos olhos seu objetivo pessoal, não importava quanto trabalho tivesse pela frente.

Embora atentasse unicamente para o objetivo de tornar-se professora, Roberta observou que seu relacionamento com a comida começava também a mudar. Sentia-se tão excitada pela paixão recentemente despertada que a hora das refeições já não era o ponto alto de seu dia. Não precisava mais consolar-se com a comida, agora que seu tempo e energia se concentravam na consecução de novas metas.

E quando se pilhava recaindo nos antigos hábitos – retirando-se para o quarto com um prato de comida, nas horas difíceis – conseguia fazer a mente voltar ao seu objetivo pessoal. Diante do que agora considerava significativo, questionava se valia a pena fugir, empanturrar-se ou ficar deprimida ao menor incidente.

Por fim, dessa maneira instintiva, Roberta conseguiu trazer seu objetivo pessoal em mente toda vez que se sentava para comer ou reassumia o hábito destrutivo do autodesprezo. Quando passou a acreditar que seu objetivo era real, exeqüível e importante para ela, os velhos hábitos de alimentação e pensamento foram perdendo o poder que outrora possuíam. Roberta não mudou de uma hora para outra; nem se tornou uma supermodelo. Mas perdeu peso e ganhou muito auto-respeito ao buscar significado e trazer uma nova perspectiva à sua vida.

Desperte agora

As práticas que se seguem destinam-se a ajudá-la a trabalhar com seu objetivo pessoal a fim de tomar um caminho novo e deixar as antigas mazelas para trás. Foram estruturadas para ensinar-lhe habilidades inéditas que nada têm a ver com contagem de calorias, medições, pesagens ou cálculos de calorias perdidas por hora de atividade. Em vez disso, você aprenderá como permanecer *consciente* ao longo do dia e, em particular, perceber quais as necessidades de seu corpo a qualquer momento.

Quando nossa vida é dominada por fantasmas do passado e fantasias do futuro, é como se estivéssemos dormindo na existência atual. Olhamos tanto para diante e para trás que ficamos cegos à condição atual. Recorrendo às práticas, você saberá como despertar para a vida tal qual ela é agora e como agir para capturar o momento presente.

A parte da dieta

"*Até que enfim*", estará você pensando, "elas vão chegar à parte da *dieta*. Qual será sua nova fórmula?" Ao folhear este novo tipo de programa "dietético", talvez queira descobrir o que o faz tão diferente. É menos penoso? Mais rápido? Existirá mesmo algum fruto exótico capaz de queimar calorias e ser gostoso (mas só disponível através de um determinado telefone)? Não se tratará daquele fabuloso macacão espacial com um dispositivo de sucção que aspira todos os quilinhos indesejáveis? Ou ("por favor, por favor") haverá por aí um novo suplemento que resolve tudo durante a noite, enquanto dormimos?

Todas as pessoas apreciam uma solução rápida e indolor; mas, infelizmente, este livro não a fornece. Os antigos alquimistas procuravam um meio de transformar metais vis em ouro. Os modernos, a poção mágica – a pílula, o pozinho, o suplemento misteriosamente sintetizado – que transmudará a gordura em músculo flexível.

Nós não oferecemos nenhuma solução milagrosa. Acreditamos que os cientistas ainda não depararam com a fórmula mágica da esbeltez porque só o que vêm tentando é eliminar as manifestações externas de um problema interno mais profundo. A solução ocidental clássica para os problemas de peso parece ser uma fórmula simplíssima: reduzir ou aumentar o consumo de calorias, queimar mais ou menos gordurinhas e, *voilà*, uma mulher perfeita o tempo todo!

Mas nós não somos máquinas, somos seres humanos. O que a perspectiva ocidental deixa de levar em conta é o nosso livre-arbítrio, que brota da alma com todas as suas necessidades confusas, ilógicas e etéreas. Ignoramos e bloqueamos anseios espirituais profundos em detrimento de nós mesmas. O problema não é o nosso corpo nem o que comemos, mas a nossa vida sem significado ou realização.

No caso das mulheres, essa luta pela alma parece envolver sempre o alimento e o corpo. Por quê? Um popular comercial de televisão da década de 1970, para o perfume Enjoli, responde à pergunta: "Ela pode trazer para casa o *bacon*, fritá-lo e não deixar você se esquecer de que é homem". Isso diz tudo: para ser considerada um sucesso, a mulher tem de fazer uma carreira e encontrar tempo para cuidar da beleza e do fascínio enquanto desempenha o papel tradicional de preparar e servir comida. Não importa até onde tenhamos chegado, é difícil escapar ao duplo papel de "gatinha" e cozinheira. Será então de admirar que, para muitas mulheres, o alimento e o corpo se tornem objeto de uma auto-expressão conturbada?

Também não podemos escapar virando as costas e caminhando em sentido oposto: "Nunca mais vou me preocupar com a aparência. Pouco me importa minha silhueta ou o que eu como, e essa família ingrata pode começar a aprender a cozinhar!" Saltar para o extremo oposto é, esteja certa disso, trocar uma série de problemas por outra.

Quer gostemos, quer não, vivemos *neste* mundo e não numa esfera etérea onde só as almas contam. A solução verdadeiramente eficaz tem de considerar tanto os anseios espirituais quanto as necessidades das mulheres que vivem neste mundo, nesta sociedade e neste período da história. É comum passar de um extremo ao outro, mas o alvo final deverá ser sempre o equilíbrio em todas as coisas. Os budistas chamam isso de "seguir o caminho do meio".

As práticas seguintes ensinarão você a restaurar o equilíbrio nas diversas áreas de sua vida, colocando o alimento e o corpo em seu devido lugar.

A prática

As práticas mente/corpo orientais foram originalmente desenvolvidas para aguçar a consciência do momento atual. Em nossa cultura, referimo-nos aos níveis mais notórios dos estados consciente e inconsciente como "vigília" e "sono". Há, porém, um nível mais sutil no qual podemos entender melhor o que significa estar consciente: não a vigília, mas a percepção de tudo o que acontece no momento presente. Esse é o ponto de vista oriental sobre a consciência.

Estar consciente do momento atual não é simplesmente saber o que se passa, mas poder observar o acontecimento.

Quando estamos conscientes, apenas observamos os pensamentos, as sensações e os fatos que se sucedem.

Conseguir isso, porém, é difícil em quaisquer circunstâncias – sobretudo quando observamos costumes e padrões que na verdade não vemos, como os hábitos alimentares mais desprezíveis e entranhados. Todavia, a consciência é essencial caso desejemos nos livrar das velhas rotinas que nos estrangulam.

Por exemplo, a fase mais insidiosa da síndrome da manhã seguinte é que, a certa altura do ciclo, tornamo-nos inconscientes. Desgarramo-nos, tentamos nos firmar, desistimos, "explodimos". Quaisquer regras ou parâmetros que imaginamos erigir caem por terra e nós mergulhamos num estado inconsciente de comer sem parar. Esse é o "coma alimentar" no qual um bolo inteiro desapareceu e você ficou apenas com algumas migalhas nos lábios, flocos de sorvete na ponta do nariz e dor na barriga, mas nenhuma lembrança de ter comido ou mesmo do gosto do que comeu. Se, incontestavelmente, o bolo foi devorado, você "apagou" e só acordou depois de realizada a façanha.

A consciência é o antídoto para o coma alimentar – você não pode "apagar" e ficar consciente ao mesmo tempo. Mesmo que não mudemos imediatamente e continuemos vítimas de comportamentos prejudiciais, é possível começar a mudar de imediato pela simples observação de nossos atos.

Iniciaremos nossas práticas aprimorando essa capacidade de permanecer conscientes. Aprenderemos a aquietar nossa mente e a conscientizar nosso corpo em ação.

PRÁTICA: A PRÁTICA MEDITATIVA DA CAMINHADA SIMPLES

Você pode achar que atingir a consciência seja tão fácil que basta querê-lo. Na verdade, é bem difícil devido ao hábito de estarmos muitas vezes inconscientes. Aprender a estar consciente constitui uma habilidade que deve ser cultivada como qualquer outra e por isso chamamos esses exercícios de "práticas".

O presente exercício de caminhada é uma prática tradicional ensinada sob a forma de uma meditação budista conhecida como Vipassana ou meditação de percepção. Vipassana significa "ver as coisas com clareza". O objetivo é permanecer o mais concentrado e alerta possível enquanto simplesmente se caminha.

Você poderá empreender essa prática dentro ou fora de casa, calçada ou descalça. Escolha um lugar onde não vá ser perturbada, para prestar toda a atenção ao esforço.

1. Poste-se com os pés juntos e os braços estendidos ao longo do corpo. De olhos fechados, atente para sua respiração. Apenas observe as sensações, emoções ou pensamentos que lhe ocorrerem. Quando estiver concentrada, abra os olhos.
2. Lentamente, erga o pé, movendo-o para a frente e pousando-o em seguida. Procure se dar conta de cada aspecto do movimento – quais músculos são acionados, que alterações sutis ocorrem em seu corpo, que outras partes precisam entrar em jogo para manter seu equilíbrio quando levanta o pé e adianta-o novamente.
3. A seguir, erga o outro pé, movendo-o com vagar para diante e pousando-o no chão, sem perder a consciência do processo todo.

4. Continue a caminhar, colocando um pé à frente do outro por cerca de seis passadas.

5. Depois de percorrer essa distância, mantenha a consciência enquanto se volta devagar e recua segundo o mesmo método lento e concentrado.

6. O alvo principal dessa prática é perceber o melhor possível o verdadeiro processo físico do ato de caminhar. Observe quando sua mente se desviar para outros pensamentos, quando certos sentimentos irromperem (irritação, inquietação ou prazer) ou quando determinadas sensações dominarem sua atenção ("Meu pé está doendo" ou "É gostoso movimentar-se").

Reflexão: Você provavelmente notará que, embora tenha percorrido uma distância pequena, sua mente esteve ausente quase o tempo todo, apesar do esforço que fez para concentrar-se. Isso é absolutamente normal – nem bom nem ruim, apenas uma demonstração da natureza da nossa mente. Passamos grande parte da vida devaneando e pensando em tudo, menos naquilo que fazemos no momento.

Repita a caminhada meditativa diariamente por duas semanas e observe se sua capacidade de concentrar-se melhora com o esforço repetido.

A composição de uma prática

As tradicionais práticas mente/corpo são o quadro no qual você poderá agir com consciência. Foram elaboradas para revelar aquilo que constitui o *seu* momento atual. As práticas funcionam como uma espécie de espelho interno: o reflexo amplia os pensamentos, as sensações e as emoções para que você os contemple mais nitidamente.

Por meio das práticas, conseguimos robustecer nossa capacidade de permanecer conscientes. À medida que conduzimos a percepção consciente a níveis mais profundos de pensamentos e atos, diminui a diferença entre o reflexo interno e aquilo que vemos no espelho. Você aprenderá realmente a *estar* no momento presente com todas as sutilezas de mente, corpo e emoção que integram a sua percepção.

A prática dos tijolos

Os tijolos que fazem uma prática funcionar são: *estrutura*, *intenção* e *atenção*. A estrutura é o quadro para a prática. Ela lhe dá consistência e forma, proporcionando firmeza em meio às mudanças constantes da nossa vida. Por exemplo, na caminhada meditativa, a estrutura consiste em dar seis passadas conscientes.

De começo, empregamos a palavra "intenção" para significar uma disposição de mudança. Agora aplicaremos o mesmo conceito às práticas. Antes de iniciar qualquer destas, você deverá estabelecer uma intenção claramente definida – um motivo para entregar-se à prática que vá além da mera circunstância de realizar uma ação. Enquanto praticar, traga sempre a mente de volta para a intenção, para o motivo de estar fazendo aquilo. Na caminhada meditativa, por exemplo, a intenção é permanecer consciente.

Pode ser útil ter o seu objetivo pessoal em mente ao estabelecer a intenção de determinada prática. É importante saber que a prática ora executada integra o quadro geral de sua existência.

O tijolo final é a atenção consciente. A atenção faz com que a coisa toda funcione. No exemplo da caminhada meditativa, sem atenção você apenas andará pela rua. A atenção dentro da estrutura da atividade nos permite observar acuradamente o ato de caminhar. Atentar para as nossas ações transforma a prática num verdadeiro catalisador da mudança.

Estes três elementos reunidos propiciam uma lista para se seguir antes e durante qualquer tipo de prática: 1) defina a estrutura, 2) estabeleça a intenção e 3) preste atenção a seus atos.

A prática é amiga da perfeição

As tradicionais práticas mente/corpo estabelecem um quadro para o crescimento e a mudança apresentando uma estrutura imutável. Nesse espaço seguro, todos os aspectos de nós mesmos podem vir à tona, ser observados e dissipar-se em seguida. Assim, o simples fato de atentarmos para os nossos pensamentos, sentimentos e sensações se torna um catalisador para a cura e a mudança.

As práticas devem ser repetidas muitas vezes, nos dias bons e ruins, quando você estiver disposta ou não. Isso é essencial, independentemente do estado psicológico. É muito fácil encetar uma prática mente/corpo quando a pessoa se sente bem, forte e equilibrada. Mas nos dias de *stress*, baixa energia, emoções descontroladas e desconforto físico, evitar qualquer prática torna-se bastante tentador. No entanto, você descobrirá que a prática regular, por si só, traz persistência, calma e lucidez à sua vida. Você praticará, não porque seja obrigada a fazê-lo, mas porque isso constitui o eixo de sua vida em torno do qual gira o resto do caos. A prática constante irá ajudá-la a enfrentar com firmeza as inconstâncias que moldam nossa vida num mundo mutável.

Graças às práticas, passamos a conhecer nossos padrões individuais de percepção, pensamento e comportamento. Mediante o esforço repetido, chegamos a compreender que eles são apenas padrões, não partes inalteráveis e permanentes de nós mesmos. As práticas nos fazem despertar em nossa própria vida, ser o que de fato somos, conhecer-nos pela primeira vez. A manutenção da consciência propicia um contato direto com o nosso senso pessoal de espiritualidade.

CINCO

O circuito de informação

Você precisa adestrar sua intuição – acreditar na pequenina voz dentro de você que lhe ensina exatamente o que dizer, o que decidir.

– Ingrid Bergman, atriz

Aprenda a ouvir

Do que você tem fome? O que está na raiz de seu apetite insaciável e o que sua alma deseja? O que a levou a ler este livro e o que, ao fim, satisfará sua ardente fome interior?

Neste mesmo instante há uma voz dentro de você que já tem todas as respostas. De escolhas insignificantes, como o que comer no almoço, a decisões que podem modificar a sua vida, como deixar ou não o emprego, a voz, bem no fundo de você, sabe exatamente o curso certo de ação a tomar em cada conjuntura – se você conseguir ouvi-la.

Felizmente, você dispõe de uma ferramenta para detectar e decifrar as mensagens que recebe de seu sistema interno: a *in-*

formação. De modo característico, falamos em informação positiva ou negativa, como elogio ou crítica. Mas, no âmbito da informação, há muito mais coisas do que em geral supomos.

O conceito de informação é utilizado em medicina e ciência sob a forma de um circuito com entrada e saída, causa e efeito. Usa-se também em eletrônica para descrever os circuitos elétricos, implicando um arco de entrada que flui pelo sistema e volta a penetrar nele como novos dados.

Todos nós temos nosso circuito pessoal de informação operando internamente. É o meio pelo qual filtramos e interpretamos nossa experiência no mundo, o que nos ajuda a tomar decisões e orientar ações.

O circuito de informação

Você já deixou o televisor ligado durante horas, sem ninguém assistindo? Enquanto desempenha suas tarefas do dia, arrumando a casa, preparando a refeição, conversando com a família, o som continua a martelar e, na tela, desfilam novelas, jogos, noticiários, humorísticos – fala-se muito, mas ninguém escuta nada. Às vezes você toma a decisão consciente de prestar atenção, quando algum programa desperta seu interesse ou um trecho de diálogo a deixa intrigada. Mas, quer esteja olhando ou não, o televisor continua emitindo, ora programas absurdos, ora informações importantes.

Seu circuito de informação opera mais ou menos da mesma maneira. Uma torrente de dados, associações, lembranças, sentimentos, sensações e julgamentos flui através de você constantemente, "no ar" sete dias por semana e vinte e quatro horas por dia. Esteja ou não ouvindo, seu sistema de difusão interno conversa com você o tempo todo. E assim como ocorre com um televisor constantemente ligado, às vezes você sintoniza seu circuito de informação. Outras, as mensagens são tão rápidas ou de nível tão profundo que você não chega a reconhecê-las conscientemente. Entretanto, em algum nível, *estamos* processando todas as informações do fluxo e fazendo escolhas baseadas nelas, quer tenhamos ou não consciência disso.

Por exemplo, você contempla um belo pedaço de *pizza* com o queijo escorrendo. Sem mesmo se dar conta, sua boca começa a encher-se de água e uma fome terrível a assalta. Poderá então pensar: "Ah, eu daria a vida por um pedaço dessa *pizza*!" Em seguida, com a mesma presteza, o próximo pensamento assalta sua mente: "Mas não, não posso nem tocar nesse pedaço de *pizza*, que me faria engordar imediatamente. Devo resistir à tentação!"

Todo um monólogo interior desse tipo pode fluir através de você numa fração de segundo. Talvez só remotamente o perceba, enquanto retoma suas tarefas. Mas, quer saiba ou não do que se passa em seu circuito, fará a escolha relativamente à *pizza* com base nesse processo interior.

Eis por que é tão importante captar o processo e interferir nele. Se você tiver consciência da informação, entre o momento em que a absorve e o momento em que atua de conformidade com ela, terá muito mais a dizer sobre as decisões que por fim tomar.

O circuito de informação propicia um modo fácil e rápido de sermos nós mesmos em nosso mundo complexo. Permite-nos filtrar todas as informações com que somos bombardeados e avançar ativamente em nossa vida. Se tivéssemos de lidar com minúcias, não conseguiríamos agir. Mas nosso circuito de informação interno pode operar um complicado processo de tomada de decisões num instante.

Às vezes, essa rapidez não nos é tão útil. Sentimos um impulso e reagimos inconscientemente em função de hábitos arraigados. Por exemplo, você fica ansiosa para saber como se saiu no encontro da última semana e, sem perceber, enche a boca de guloseimas. Ou então não é promovida no emprego e conclui de pronto que isso aconteceu porque está muito gorda.

Na psicologia comportamentista, esse tipo de padrão é chamado de resposta condicionada. Como os cães de Pavlov, condicionados a babar quando ouviam o som de uma campainha, somos mantidos alheios ao nosso sistema de informações por nossas respostas habituais.

Nossos comportamentos e percepções condicionados perpetuam-se a partir de dentro, mas alimentam-se também, constantemente, das mensagens exteriores de nossa cultura. Tais mensagens são a Aliança em ação. Somos massacrados pelos "você-deve": como devemos comer, como devemos parecer, como devemos nos sentir.

No momento em que aderimos à Aliança, temos de renunciar ao nosso próprio sistema de informações. Aceitamos as premissas tácitas de que as mulheres *devem* ser magras, de que *somos* muito gordas, de que a dieta *é* a resposta, de que alimentos gordurosos *são* perigosos, de que *precisamos* ter força de vontade para lutar contra a fome. Em vez de permitir que nossa sensibilidade interior modele nossas crenças, tentamos adequar essa sensibilidade à Aliança.

Quando agimos por hábito, incapazes de utilizar nosso circuito como guia, percorremos caminhos batidos que nos levam de volta a lugares familiares e sem saída.

PRÁTICA: O CIRCUITO DE INFORMAÇÃO NO TEMPO

Esta prática ajudará você a concentrar-se no momento atual enquanto atravessa o dia. Irá familiarizá-la com o seu próprio circuito, o modo como afeta os seus pensamentos e dirige seus atos.

No dia em que iniciar a prática, tenha à mão um despertador (um relógio de pulso com alarme funcionará muito bem) e seu diário durante todo o dia.

1. Antes de começar, comprometa-se a ser honesta consigo mesma e a observar tanto os seus julgamentos quanto as suas conclusões do modo mais objetivo possível.
2. Logo depois de se levantar, de manhã, programe o alarme para duas horas mais tarde. Execute normalmente suas tarefas.
3. Quando o alarme soar, preste atenção no momento presente. Se possível, interrompa o que estiver fazendo. Feche os olhos e elabore um rápido inventário das informações que receber no momento. Depois, responda às perguntas seguintes. Será melhor que registre as respostas no diário; mas, se isso não for possível, apenas reflita rapidamente sobre elas.

   - Qual é o meu estado emocional geral? Estou calma, tensa, estressada, deprimida, feliz ou excitada? Limite-se a uma ou duas palavras que melhor se enquadrem em seu estado emocional geral no momento em que o alarme soar.

- Qual é o meu estado físico geral? Estou cansada, descansada, dolorida ou relaxada? Registre quaisquer sensações físicas que dominarem sua percepção.
- Qual é o meu estado mental geral? Estou entediada, atenta, distraída ou desanimada? Registre quaisquer estados mentais que dominarem sua percepção.

4. Reprograme o alarme para daí a duas horas, depois que terminar de responder às perguntas, e retome suas tarefas. Pelo menos quatro vezes ao longo do dia, repita a prática quando o alarme soar.

Reflexão: Quando tiver tempo, releia a lista das respostas que anotou durante o dia. Quantas delas lhe são familiares e quantas constituem novidade? Por exemplo, teve consciência de estar com fome à hora das refeições? E de sentir raiva durante o dia?

Essa prática pode ensinar-lhe como é importante reservar algum tempo para, regularmente, sintonizar-se com o seu circuito de informação. A qualquer momento você tem a oportunidade de passar de um estado inconsciente para um estado de lucidez. Graças às valiosas informações fornecidas por nosso circuito, capacitamo-nos a fazer escolhas que se harmonizem com a totalidade de nosso ser.

Os sentimentos entranhados

Um aspecto mais profundo do fluxo de informação que nos percorre são os chamados sentimentos entranhados. O sentimento entranhado, também conhecido como sexto sentido, é a voz de nossa alma. Trata-se do senso intuitivo que nos aponta, com precisão, o que é certo ou errado. Seu sentimento entranhado pode dizer-lhe se está ou não no bom caminho. Quando você aprende a ouvi-lo, começa a tomá-lo como um excelente barômetro daquilo que se passa dentro e fora de você.

Embora os sentimentos entranhados possam servir de guias confiáveis e precisos, nós em geral os desprezamos. Você talvez perceba que algo está errado, mas desdenha o aviso e trabalha contrariamente a seus instintos. Depois, tudo piora. E, tarde demais, lembra-se do mau pressentimento e lamenta tê-lo ignorado.

É o que sente a noiva quando coloca os convites de casamento na caixa do correio. Um instante depois, quererá recuperá-los – pois, logo que desapareceram pela abertura, ela sentiu alguma coisa incômoda nas entranhas. Mas, ignorando essa forte sensação, esse vigoroso "não" interior, vai em frente e se casa conforme o planejado. Cinco anos mais tarde, cede por fim ao instinto original e pede o divórcio.

Como mulheres, muitas vezes parece que demonstramos mais predileção natural a ouvir os sentimentos entranhados ou a intuição do que os homens; mas, freqüentemente, nos achamos culpadas por ignorá-los. Empreendemos ações a que nossa voz interior nos aconselha a renunciar. Como no caso da noiva, tudo e todos à volta podem indicar-nos a coisa "certa" a fazer, enquanto aquela vozinha solitária nos espicaça com um desagradável senso de dúvida.

As práticas ajudarão você a ter contato com os sentimentos entranhados. À medida que for aprendendo a ouvir todas as sensações e sinais interiores, aprenderá também a confiar nos sentimentos entranhados como se dispusesse de uma bússola para seguir o caminho certo.

Siga as pistas do circuito de informação

Aprender a reconhecer os sentimentos entranhados e a confiar neles foi a chave a que Ann recorreu para solucionar o seu conflito com o alimento e o corpo. Durante anos, viveu atormentada por dez quilos que teimavam em não desaparecer. Tentou todas as dietas, todos os aparelhos, todas as pílulas que pôde encontrar. Nada, porém, funcionou a longo prazo. E ela insistia em desvencilhar-se para sempre daqueles quilinhos "inaceitáveis".

Ann iniciou sua carreira dietética com a idade de quinze anos. Voltara para casa, de um acampamento de verão, com uns nove quilos a mais. A mãe apressou-se a interná-la numa clínica de emagrecimento, onde se alistou no exército das mulheres guerreiras que passam anos sobrevivendo à custa de delícias como maçãs e cenouras, toronjas e ovos, torradas e saladas sem molho.

Ann sabia de cor a contagem das calorias e as porções ideais de praticamente todos os alimentos. Calculava com exatidão quanto tempo deveria permanecer na bicicleta de exercícios para queimar as gordurinhas extras que inevitavelmente conseguiam entrar por sua boca.

Quando tinha trinta e dois anos, Ann sentiu-se pronta para uma grande mudança. Estava farta do jogo sem fim entre o que podia e não podia comer. Exasperada pela batalha indecisa contra o próprio peso, julgava-se disposta a tentar qualquer coisa.

Começou por observar que tinha conceitos profundamente enraizados a respeito de quais alimentos eram bons ou ruins. Devido a eles, achou difícil ouvir seu circuito de informações. Mas, repetindo os esforços, conseguiu ter acesso a esse circuito e confiar em sua intuição, que lhe dizia o que era bom ou ruim para *ela*.

Ann decidiu que iria comer o que realmente quisesse quando o circuito a avisasse de que ela estava de fato com fome. Pela primeira vez desde a adolescência, sentiu que seu apetite se equilibrava aos poucos. Comendo dessa maneira intuitiva, emagreceu gradualmente cinco quilos.

Embora estivesse feliz por perder esse excesso, aferrou-se à idéia de que ainda precisava livrar-se de outro tanto. Anos antes, consultara uma tabela que mostrava o peso certo para sua constituição e altura: cinco quilos a menos que o atual.

No entanto, continuando a ouvir seu circuito de informações, teve de concluir que na verdade estava se sentindo muito bem e saudável na presente condição. Como podia ser isso? Como podia estar feliz se não alcançara o número correto da tabela? Ela sempre associara seu senso de autovalor e sucesso àquele número mágico.

Por fim, reconheceu que o tal número perdera todo o significado para ela. Concluiu que consultar tabelas, contar calorias ou fazer exercícios para emagrecer nunca lhe deram felicidade alguma. O simples ato dar ouvidos às necessidades interiores e responder a seu circuito de informações ajudou-a a mudar de perspectiva. Estava agora apta a decidir quanto queria pesar, o que queria comer e o que, realmente, importava para ela na vida.

Voando no escuro

Quando você está aprendendo a orientar sua vida pelos sentimentos entranhados, de que maneira saberá que está fazendo a coisa certa? Para as pessoas que seguem os ditames da Aliança ou da sociedade, existem indicadores claros de sucesso ou fracasso. Você dispõe de etiquetas tangíveis de sucesso: o corpo "certo", o emprego "certo" que a ajuda a comprar o carro "certo" para que possa viver no bairro "certo" e na casa "certa". Mas quando segue o caminho apontado por seu próprio circuito de informações, quais são os sinais de que está na direção correta?

Quando você segue sua orientação íntima, talvez se preocupe com a opinião dos outros e ache que se desgarrou. Talvez sua prateleira contenha alimentos que destoem da atual dieta milagrosa, seu cuidado com a última moda se haja desvanecido ou sua carreira promissora tenha empacado. Você não apenas não cabe mais nas calças tamanho pequeno como pode achar que não cabe em nenhuma, o que é assustador. Que diabos pensou quando resolveu seguir seu próprio caminho e perseguir um objetivo pessoal cheio de significado? Ficou louca? Agora que modificou seu conceito de sucesso e aprendeu a ser você mesma, é possível que duvide da validade desse objetivo. Afinal, se todos continuarem obedecendo à Aliança, menos você, as conseqüências poderão ser graves. As alianças são mantidas quando cada qual aceita, implicitamente, que alguns comportamentos e padrões são aceitáveis, outros não. Seguir os ditames interiores pode significar uma estrada solitária e insegura a percorrer.

Quando você tiver dúvidas sobre a validade de seu caminho, pare e reflita a respeito do que realmente deseja. Ouvindo o circuito de informações, em particular os sentimentos entranhados, conseguirá distinguir o que lhe convém.

Nunca *sabemos*, com 100% de certeza, se o que fazemos é realmente correto. Não há padrões objetivos que forneçam esse tipo de convicção. Mas podemos *confiar* na voz interior, nos instintos – eles nos dizem se estamos ou não na direção certa. Voar no escuro, seguir o próprio rumo significa aprender a confiar na sabedoria interior.

SEIS

Como descobrir uma prática alimentar que funcione

Ainda que não possamos subir muito, descer muito ou ir muito longe, vamos sair pela porta.

– Canção folclórica

O que é uma prática alimentar?

Uma *prática alimentar* ajuda-nos a estabelecer um novo relacionamento com o ato de comer. Não se trata de nenhuma dieta. Não existem alimentos certos ou errados, pesos e medidas, nem encontros semanais com a balança.

As práticas alimentares são atividades estruturadas que nos ensinam a ter consciência plena de nossas intenções quando comemos. Assim como as práticas mente/corpo, as alimentares citadas neste livro baseiam-se em abordagens tradicionais do Oriente.

Graças a elas, você aprenderá a mergulhar fundo dentro de você mesma para descobrir os padrões e hábitos que estão na raiz de seu conflito com a mente e o corpo. Você aprenderá também a utilizar os instintos para lançar luz sobre seus comportamentos inconscientes e operar mudanças de dentro para fora.

Receita de significado

Antes de iniciar essas práticas, é preciso que você identifique as razões para fazê-lo, isto é, sua intenção de praticar. Talvez inicie uma prática alimentar pelos mesmos motivos que a induziram a tentar dietas a vida inteira: perder peso e parecer bonita. Ou talvez você queira aliviar a dor causada por seu conflito com o alimento e o corpo. Seja honesta para consigo mesma quanto à sua verdadeira intenção – pois só assim "começará de onde está".

Na seqüência das práticas, é possível que sua intenção se modifique. Procure observar, sem juízo prévio, como ela muda (o que pode acontecer de dia para dia e de hora para hora). Cabe estar atenta ao que quer que a motive e ao modo como isso se harmoniza com o seu senso de objetivo pessoal.

Antes de dar início à primeira prática alimentar, faça a si mesma uma pergunta simples, para ter alguma perspectiva inicial de suas prioridades e valores: "O que mais me importa na vida é aquilo que como e aquilo que pareço?" À medida que for se aproximando de uma definição do que dá significado à *sua* vida, não deixe de reconsiderar essa questão fundamental.

O que está em jogo?

Sandra buscou aconselhamento porque comia de modo extravagante e compulsivo. Era uma boa alpinista e instrutora de acampamentos, portanto muito bem-dotada fisicamente.

Tinha sólidos conhecimentos de nutrição básica. Integrava às suas lições o estudo da alimentação diária, sublinhando sempre a importância de uma dieta balanceada. Mas, em se tratando dela própria, simplesmente não conseguia aplicar as regras sensatas do regime saudável que ensinava em suas aulas.

Nas duras horas de trabalho, Sandra emendava a pausa das refeições para sair mais cedo e realizar uma escalada à tarde. Via-se então no carro a meter inconscientemente pela boca punhados de frutas secas e nozes, ou biscoitos energéticos, enquanto corria para o local de sua façanha.

Após a subida, voltava para casa cansada demais para cozinhar. Ainda esfomeada, acalmava o apetite com batatas fritas, molho, queijo e uma cerveja, a fim de se recuperar da estafa do dia. Às vezes, acompanhava os amigos numa refeição de verdade, mas a maior parte de sua alimentação consistia de lanches devorados às pressas.

O regime alimentar de Sandra resume o que chamamos de abordagem inconsciente da comida. Raras vezes ou nunca prestava atenção ao que comia e ao modo como comia, e não raro nem sequer degustava os alimentos. Tinha o pressentimento de que sua abordagem da comida e do ato de comer era desequilibrada – jamais recomendaria a um aluno comer como ela própria, para sustentar um estilo de vida ativo. Entretanto, não lhe era possível achar tempo para transformar um regime saudável em prioridade.

Buscou aconselhamento dietético após reconhecer, certa feita – quando já devorara três quartos de um jantar à base de "queijo e fritas" –, que o tal queijo estava mole e com gosto de estragado. Sentiu-se chocada e envergonhada, hipócrita mesmo. Como podia dar palestras sobre nutrição e depois ir para casa promover o que ela chamava de "comilanças frenéticas"?

A conclusão de Sandra foi penosa, mas arrancou-a de seus hábitos, que pareciam antigos demais para permitir-lhe uma visão nova da vida. Viu-se obrigada a examinar o que estaria em jogo caso prosseguisse cegamente no caminho que se traçara. Sabia que sua saúde corria perigo, que não poderia continuar comendo tão mal para sempre e que deveria manter-se saudável mesmo sendo jovem e tendo forte constituição.

Embora Sandra achasse que suas atividades ao ar livre eram a coisa mais importante para ela, notou que também aqui agia inconscientemente. Reconheceu que vinha tratando a natureza como algo a conquistar – subir tantos picos elevados quantos pudesse e ensinar os outros a subjugar o ambiente.

Essas constatações levaram Sandra a perceber o que estava em jogo para ela e por que achava ser tão importante fazer mudanças na vida. Viu que sua despreocupação lhe prejudicava a saúde e impedia-a de realizar-se. Tinha de ser mais consciente, não apenas do que comia, mas também do que verdadeiramente lhe interessava – seu senso de objetivo.

Ao começar a primeira prática, a pergunta que lhe deve ocorrer é: o que está em jogo para você, pessoalmente? Até que ponto a transformação de seu relacionamento com a comida lhe importa?

Notas sobre a prática

Antes de iniciar uma prática, lembre-se da lista mencionada no Capítulo 4, página 63. Tenha sempre em mente sua intenção com respeito à prática que irá adotar. E não se esqueça de prestar a máxima atenção a ela.

Esses dois elementos – intenção e atenção – são o combustível das práticas e fazem delas um possante veículo de mudanças.

PRÁTICA: O QUE ESTÁ EM JOGO?

Repita esta prática sempre que seu interesse em mudar estiver esmorecendo. Ela lhe permitirá retomar o momento atual e a ajudará a determinar o que verdadeiramente deseja na vida. Ao responder às perguntas seguintes, seja o mais específica possível.

1. Em seu diário, registre qual é o principal problema com o alimento que você identificou no primeiro capítulo ou qualquer novo problema do mesmo tipo que vem atualmente enfrentando.
2. Examine o que acontecerá se continuar repetindo indefinidamente esse comportamento. E agora, faça-se estas perguntas:

   - Se o problema persistir, que impacto terá em minha felicidade?
   - Ao final da vida, quando eu olhar para trás e considerar os anos que perdi lutando com esse problema, até que ponto ele terá obstruído minha capacidade de realizar meu objetivo potencial e pessoal?

Reflexão: Identificar o que está em jogo para você, pessoalmente, pode ser muito estimulante. E o que está em jogo é muito mais que caber num vestido e parecer bonita ao espelho.

O que importa são o trabalho e o potencial de sua vida. Muitas de nós concordariam que viver uma existência significativa vale mais que desperdiçar toda a nossa energia no ciclo sem fim do conflito com o alimento e o corpo.

Reúna os dados

Já é tempo, para você, de instalar o conflito com o alimento e o corpo no quadro maior de sua vida. Comece por um registro de seus padrões físicos e alimentares. Você reunirá dados exatos sobre o que, como e quando come. Examinará até que ponto os alimentos e os hábitos à mesa podem acionar seus esquemas de pensamento, emoção e sensação física. E aprenderá como ouvir o seu circuito de informações em ação.

Entregue-se a essas práticas como a um experimento. Você será ao mesmo tempo o pesquisador e o pesquisado, registrando os seus próprios dados internos e externos. Lembre-se: esse registro será só para você mesma. Não vá mostrá-lo a ninguém mais, para não impressionar nem desapontar seja lá quem for. Você não chocará as pessoas com os seus comportamentos "aterradores" nem conquistará aprovação por sua "incrível" força de vontade. Eis uma oportunidade absolutamente segura de ser quem você é. Se puder descobrir a quantas anda, *de fato*, o seu relacionamento com o alimento e o corpo, terá enfim a informação necessária para mudar.

Nota: As duas práticas seguintes devem ser executadas no mesmo período de tempo. Faça uma cópia do Gráfico de Informação sobre o Alimento e o Corpo (p. 97) e cópias para uma semana da Tabela de Alimentação (p. 96).

PRÁTICA: TABELA DE ALIMENTAÇÃO

Mantenha um diário de tudo o que você comer por uma semana. Durante esse tempo, tente comer normalmente, como sempre faz. É mais importante mencionar os tipos de alimento que as quantidades. Você registrará também outras informações sobre sua experiência alimentar, como por exemplo com quem e onde comeu. Anote tudo o que ocorrer repetidamente ou parecer relevante para sua própria experiência alimentar.

PRÁTICA: GRÁFICO DE INFORMAÇÃO SOBRE O ALIMENTO E O CORPO

Em conjunção com a Tabela de Alimentação, preencha o Gráfico de Informação sobre o Alimento e o Corpo. Ele servirá de complemento aos dados que você coletar na Tabela de Alimentação.

Tabela de alimentação **DATA:**				
CARDÁPIO	CAFÉ DA MANHÃ	ALMOÇO	JANTAR	LANCHES
ATIVIDADE Antes				
Durante				
LOCALIZAÇÃO				
COMPANHIA Sozinha/Outros				
FOME Antes				
Durante				
SENTIMENTOS (Físicos) Antes/Depois				
(Emocionais) Antes/Depois				

Gráfico de informação sobre o alimento e o corpo

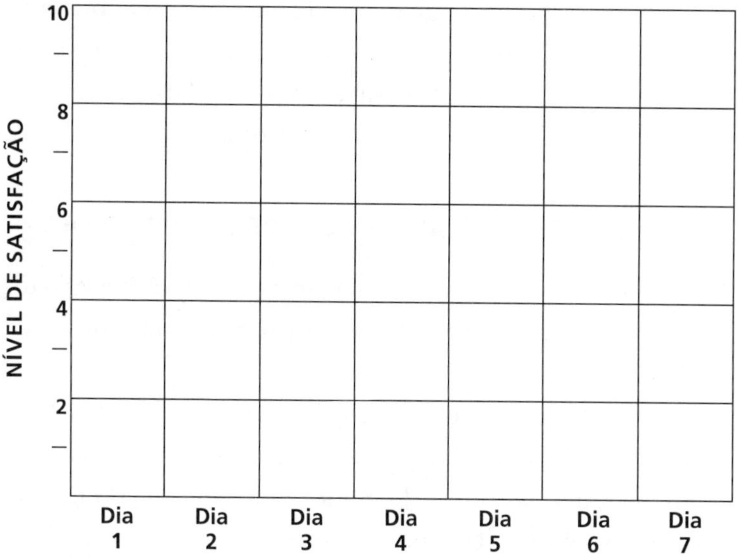

1. Diariamente, reserve alguns minutos para preencher o Gráfico de Informação sobre o Alimento e o Corpo.
2. Antes de começar, limpe a mente de distrações. Agora reflita brevemente sobre as vinte e quatro horas anteriores. Examine os acontecimentos do dia – o que se passou? Quais foram as suas emoções, pensamentos e sensações físicas?
3. Logo depois, preencha o gráfico para criar um registro visual que reflita as vinte e quatro horas passadas.
4. Classifique cada uma das seguintes categorias, atribuindo-lhes o valor de um (horrível) a dez (terrível):
   - Corpo: como me senti fisicamente
   - Mente: como me senti mentalmente
   - Emoção: como me senti emocionalmente

Use tintas de diferentes cores para as diversas categorias. Dia após dia, ligue os pontos de cada uma delas. O objetivo é recorrer à intuição para avaliar as categorias o mais rapidamente possível, sem se inquietar com as respostas. Utilize seus sentimentos entranhados e imediatamente dê as respostas.

PRÁTICA: TABELA DE AVALIAÇÃO DE INFORMAÇÕES

1. Depois de reunir os dados da semana, coloque lado a lado todas as Tabelas de Alimentação, ordenando-as da primeira à última.
2. Compare o Gráfico de Informação sobre o Alimento e o Corpo com as Tabelas de Alimentação. Se houver picos ou vales em qualquer das linhas do gráfico, olhe a tabela do mesmo dia, bem como a da véspera. Pressente ter existido alguma correlação entre o que comeu, ou outros elementos de sua experiência alimentar, e o que sentiu emocional, física ou mentalmente, tal qual mostra o gráfico? Anote no diário tudo o que lhe parecer importante.
3. Em seguida, apanhe a Tabela de Avaliação de Informações. Percorra todas as categorias das Tabelas de Alimentação e responda às perguntas correspondentes da Tabela de Avaliação de Informações. Anote-as na coluna "Padrões".
4. Atente para os padrões gerais e amplos. Se, por exemplo, você comeu uma salada ao almoço todos os dias e teve dor de cabeça antes do jantar, talvez haja conexão entre a falta de proteínas e os sintomas físicos. Registre no diário tudo o que lhe despertar o interesse.
5. Na próxima semana, observe como esses padrões aparecem e desaparecem. Observe também, como fez no passo 2, sua in-

Tabela de avaliação de informações

MENU	PADRÕES
Ingeriu algum alimento 6 vezes durante a semana?	
Ingeriu algum alimento 10 vezes durante a semana?	
Ingeriu algum alimento mais de 10 vezes durante a semana?	
Ingeriu grande quantidade de algum alimento uma vez ou mais?	
ATIVIDADE	**PADRÕES**
Quantas vezes lanchou?	
Quantas vezes comeu longe da mesa de refeições?	
Quantas vezes comeu sozinha?	
Quantas vezes fez alguma coisa (além de conversar) durante uma refeição ou lanche?	
FOME	**PADRÕES**
Quantas vezes sentiu fome antes de comer?	
Quantas vezes se sentiu saciada depois da refeição?	
SENTIMENTOS	**PADRÕES**
Que emoções ou sensações físicas experimentou mais de cinco vezes durante a semana?	

tuição da relação entre a experiência alimentar e o modo como se sente emocional, física e mentalmente.

Reflexão: Se você comparou seus hábitos alimentares com programas de dieta, provavelmente avaliou os dados para saber se comeu demais, ingeriu alimentos gordurosos ou escolheu pratos pouco nutritivos. Os padrões e conceitos que agora deve buscar pouco têm a ver com esses tipos de avaliação superficiais. Só o que desejamos saber é o que está acontecendo. Dessa perspectiva lúcida, você poderá descobrir o que a desequilibra, o que é capaz de perpetuar seu problema e a maneira de permanecer entusiasmada. Desse posto de observação desimpedido, terá a perspectiva de que precisa para realizar mudanças duradouras.

PRÁTICA: COMO PROMOVER A ALIMENTAÇÃO CONSCIENTE

A prática da alimentação consciente é um dos modos de nos conectarmos ao nosso senso pessoal de espiritualidade. Estar cônscio significa sintonizar o íntimo do ser. O ato aparentemente simples de ter a intenção de permanecer consciente enquanto se come, e de dar atenção ao processo de comer, pode alterar por completo a relação com o alimento. Dessa forma, o ato de comer torna-se um vínculo importantíssimo com o objetivo pessoal.

A prática seguinte propicia algumas técnicas básicas para a alimentação consciente. Ela ajudará você a romper padrões alimentares que de outro modo pareceriam inabaláveis, esmagadores e destrutivos, quando não fora de controle.

1. Selecione um alimento cuja aparência e sabor lhe agradem, mas não provoque em você nenhum conflito. (Não escolha nada com que precise brigar ou que, a seu ver, faz com que você perca o controle, como um saquinho de batatas fritas do qual, quando se come uma, se comem todas. No Capítulo 9, sugeriremos uma estratégia para você lidar com alimentos aos quais se sente incapaz de resistir.)
2. Escolha uma hora em que poderá comer o alimento sozinha, sem ser perturbada. Não ligue a TV nem o aparelho de som, e não leia – tem que ser só você e a comida, nada mais.
3. Coloque o alimento na mesa e sente-se diante dele. Limpe a mente, e sinta o aroma e a aparência do alimento.
4. Antes de comer, firme a intenção de atentar por completo no primeiro e último bocado, registrando qualquer informação que receba enquanto isso. Parece decepcionantemente simples, mas não se surpreenda se for um desafio.
5. Quando seus dentes mergulharem no primeiro bocado, procure amplificar o instante para vivenciá-lo plena e conscientemente. Quando terminar de mastigar, saboreie o alimento e atente para as informações que receber.
6. Pelo resto da refeição, coma tal qual faz normalmente. Mas, ao preparar-se para o último bocado, repita o exercício que praticou com o primeiro, tentando empenhar toda a sua atenção e permanecendo plenamente consciente.
7. Ao terminar de comer, escreva no diário as informações recebidas sobre a prática, o que experimentou e o que sentiu. Calcule por quanto tempo permaneceu consciente entre o primeiro e o último bocados e por quanto tempo sua mente se desgarrou. A intenção de permanecer consciente no pri-

meiro e último bocados tornou-a mais consciente no intervalo ou isso só aconteceu enquanto os mastigava?

Reflexão: A primeira vez que tentar essa prática, provavelmente descobrirá não ser capaz de manter a consciência no último bocado. Nada mais normal. É muito mais difícil permanecer consciente do que se está fazendo mesmo num curto espaço de tempo do que possa parecer a princípio.

Repita essa simples prática alimentar uma vez por semana. Poderá ingerir o mesmo alimento ou optar por outro a cada repetição. Sem dúvida notará que a porção de tempo gasta conscientemente na percepção do alimento e da experiência entre os bocados irá aumentando gradualmente durante a semana.

Transforme a prática num estilo de vida

As práticas alimentares destinam-se a ajudar-nos a encontrar um novo modo de nos relacionarmos com a comida a fim de substituirmos padrões de comportamento velhos e destrutivos por outros mais saudáveis. O controle do peso não é o objetivo primário dessas práticas; mas, quando começarem a modificar o nosso relacionamento com a comida, isso poderá ser um efeito colateral muito bem-vindo.

A coisa funciona de maneira simples. Permanecendo conscientes enquanto comemos, aprendemos a interpretar corretamente nosso fluxo de informações interior. Aprendemos a consultar o corpo em busca de sinais indicativos de quanto e do que precisamos ingerir, para que nosso comportamento alimentar não seja mais ditado por hábitos, teorias ou dietas. O ato consciente de comer ensina-nos a reconhecer a voz das necessidades internas e a responder apropriadamente a ela. Os padrões e comportamentos alimentares habituais serão aos poucos substituídos pela audição do nosso circuito de informação e pela resposta às necessidades do momento.

Quanto mais ingerimos os alimentos de que o nosso corpo realmente necessita, melhor nos sentimos. Isso nos motiva a captar as mensagens do corpo para estarmos bem o tempo todo.

SETE

Adote a sua própria prática mente/corpo

O lar é um local onde, quando precisamos entrar,
Alguém tem que nos receber.

– Robert Frost, *The Death of the Hired Man*

Quando regressamos ao lar, regressamos a um local que é nosso. O lar pode ser uma casa, um quarto ou um pátio – qualquer coisa a que pertençamos. Mas o lar é também um lugar dentro de nós, a base que carregamos por onde quer que caminhemos no mundo.

Sabemos que esse lugar é o nosso refúgio – onde estamos sozinhos, mas não solitários. No meio da multidão de uma rua movimentada ou sós no alto de uma rocha à beira-mar, achamo-nos em casa quando somos realmente nós mesmos.

Esse lugar a que chamamos casa está sempre dentro de nós e sempre pronto a acolher-nos. Trata-se tanto de um espaço interior quanto de uma sensação de desligamento da percepção normal do tempo e do espaço – ou seja, um espaço em que o tempo deixa de contar. É uma esfera sagrada em que não existe o desejo de ser nada mais do que se é ou de impedir que as coisas à volta sejam exatamente como são. Quando você penetra ali, sente-se apaixonada, vibrante, viva e com a sensação excitante de ter despertado no meio da vida para o momento presente. Nesse lugar ou estado de ser, somos nós mesmos *agora*.

Como dissemos antes, para mudar temos de começar de onde estamos: "O lar é o local de onde se começa". No entanto, se o lar é tão agradável e invariavelmente acolhedor, por que não estamos sempre dentro dele? E, mais importante, como regressar a ele de onde agora nos encontramos?

O escritor Ray Bradbury disse certa vez que a humanidade não vai ao espaço para encontrar alienígenas: vai lá para encontrar a si mesma. Todos nós, um dia, temos de deixar para trás a casa da infância a fim de moldar uma vida adulta própria e forjar uma identidade. Mas, à medida que o tempo passa, talvez achemos cada vez mais difícil regressar ao lar (tanto literal quanto metaforicamente) e redescobrir de onde começamos. O paradoxo é que precisamos sair para o mundo a fim de descobrir nossa natureza única. E o perigo é que, na jornada, podemos nos perder para todo o sempre.

As práticas mente/corpo que estamos prestes a conhecer são outros tantos mapas ou guias para achar o caminho de volta ao lar. Elas propiciam a percepção de nosso próprio espaço interior, nossa base de operações, e melhoram nossa capacidade, nesse espaço, de sentir o objetivo pessoal e ouvir as informações.

Mas quando voltamos ao lar para a ansiada reunião, nem sempre consideramos essa uma experiência de pura e inalterada felicidade. O que encontraremos em casa será a soma de *todas* as experiências de nossa vida: história, lembranças, percepções habituais e respostas.

Embora estar em casa seja mesmo uma experiência feliz, nem tudo o que surge ali é agradável. Enfrentar *todas as coisas* que moldam "você" agora, neste instante, poderá ser penoso. A vergonha por palavras ditas impensadamente, os julgamentos precipitados ou a autocrítica estão entre as muitas sensações, pensamentos e sentimentos dolorosos que brotam ao lado dos mais agradáveis. Assim, à vezes renunciamos a ir para casa porque entrar nela significa experimentar a totalidade de nosso ser: o bom, o mau *e* o feio.

As práticas mente/corpo ajudam-nos a enfrentar as dificuldades que podem surgir no regresso ao lar. Permitem-nos atentar, de um modo novo, para os nossos pensamentos, ações e sensações mais familiares. Ver as coisas como de fato são no momento exige a renúncia aos preconceitos. Tudo o que você encontra é novo, jamais experimentado até *agora*.

Sem dúvida, "uma rosa é uma rosa é uma rosa"; mas cada flor do mesmo arbusto tem sua aparência e caráter únicos. Até a mesma floração muda drasticamente com o tempo. Assim, para estarmos em casa, para estarmos presentes, temos de reconhecer que as coisas são singulares e podem mudar. O lar é o nosso refúgio na tempestade, um local sossegado de onde observamos em segurança a tumultuosa e constante mudança que é a nossa vida.

A caminho de casa

O primeiro passo para, de onde estamos, volver ao lar é aperfeiçoar a capacidade de observar constantemente nosso estado atual. Felizmente, não se faz necessário aqui reinventar a roda. As tradicionais práticas mente/corpo do Oriente, como a ioga e a meditação, cultivam a atenção e a experiência do momento presente. Essas práticas evoluíram a partir de ricas tradições filosóficas milenares, graças ao desejo que têm as pessoas de compreender o significado da vida e do eu.

O objetivo dessas práticas é integrar mente e corpo, levando-nos naturalmente a um estado de percepção holística. As práticas mente/corpo apresentam estrutura de conjunto, como uma postura de ioga, mantida por cinco respirações, ou uma postura de meditação, mantida por quinze minutos. Essa estrutura tende a tornar-se um espaço sagrado interior, que se pode experimentar e explorar com toda segurança.

As práticas mente/corpo colocam-nos em sintonia com nossa respiração, sensações, pensamentos e emoções do momento. A respiração revela e ilumina tudo aquilo que entra em contato com nosso corpo e concentra nossa atenção. Numa prática mente/corpo, dirigimos os olhos para um ponto único, a fim de concentrar a atenção.

Fixar o olhar e tomar consciência da respiração permite-nos agir com uma percepção enraizada no nosso íntimo. E, quando passamos dessa conexão interior para nosso centro, despertamos para níveis cada vez mais profundos de informação.

Na prática, utilizamos tanto a intenção quanto a atenção. Repetindo-a ao longo do tempo, percebemos as sensações e os sentimentos que surgem, preservando a intenção de retornar ao instante atual não importa aonde tenham ido a mente, a respiração ou o olhar. A consistência e a repetição das práticas ajudam-nos a encontrar o caminho de volta para casa.

A prática de ioga que sugerimos a seguir serve de introdução ao modo como funcionam as práticas mente/corpo. Combina posturas de diversas tradições de ioga e é elaborada com vistas a dar a você sensibilidade ao fluxo rítmico e aos efeitos transformadores dessas práticas.

Quando começar a beneficiar-se da prática de ioga, será bom recorrer a um professor para ensiná-la a ampliar e aprofundar o procedimento. As práticas são tradicionalmente aprendidas de um mestre capaz de ajudar-nos a superar limitações e manter-nos motivadas. Caso não haja professores disponíveis no local, ou você não encontre um com quem simpatize, experimente um bom vídeo ou livro. Recomendam-se também os seminários com orientadores qualificados. Para mais informações, consulte a seção "Subsídios".

PRÁTICA: IOGA PARA PRINCIPIANTES

Quando a atenção se concentra num corpo ativo, os efeitos podem ser espetaculares. Essa prática de ioga ajudará você a vivenciar seu lar interior, onde são feitas as escolhas que determinam suas ações.

Fundamentos:

1. Para que a prática de ioga apresente ótimos resultados, o melhor é empreendê-la diariamente. Se isso lhe parecer muito,

pratique com menor freqüência. No entanto, menos de duas sessões por semana não garantirá a continuidade necessária para você começar a operar mudanças duradouras. Assim, comece de onde está e abra caminho a partir daí: uma vez por semana é melhor que nunca e cinco minutos são melhores que nada.

2. Comece determinando sua intenção – por que está recorrendo a essa prática e o que espera dela. Repise a intenção várias vezes durante o exercício, sempre que a sua mente divagar ou você se distrair.
3. Quando começar a movimentar-se e a usar o corpo de um modo novo, talvez possa sentir algumas dores musculares. Mas, persistindo na prática, notará que os movimentos vão ficando mais fáceis de dominar e seu corpo vai se tornando mais forte e mais flexível.
4. Para perceber os efeitos da prática – tanto na facilidade de movimentos quanto nas mudanças gerais que experimentou – é bom observar seu progresso ao longo do tempo. Embora às vezes ache que está paralisada e nada se alterou, conseguirá apreciar sua evolução olhando para trás.

Marque uma hora para a sua prática. Convém praticar aproximadamente na mesma hora a cada dia, para firmar uma rotina. Quando você pratica num horário estabelecido, capacita-se a considerar o exercício como parte de seus afazeres diários e a planejá-los tomando-o por base, em vez de "espremê-lo" em sua vida já muito atarefada. Se não puder determinar um horário regular para a prática, qualquer outro servirá. O segredo é executá-la pelo menos duas vezes por semana com energia, concentração e sem pressa.

Defina um local para a sua prática:

1. Escolha um ambiente calmo, amplo o bastante para não lhe restringir os movimentos e onde não vá ser perturbada. Transforme-o em seu espaço regular de prática, para não perder tempo vagando pela casa em busca do local tranqüilo "adequado".
2. Um piso sem carpete é ideal porque seus pés e seu corpo ficarão mais firmes. Se tiver apenas aposentos acarpetados, no entanto, que isso não a detenha: qualquer superfície plana servirá para começar.
1. Uma esteira de ioga desdobrada no chão lhe dará bom apoio. Se não quiser adquirir uma, poderá usar um tapete fino ou um cobertor que não escorregue.
4. Mantenha a temperatura do recinto aconchegante. O calor é muito benéfico para deixar os músculos flexíveis e descontraídos durante as posturas.

O que vestir:

1. Vista roupas confortáveis. Calções folgados, camisetas e trajes de ginástica são ideais. Evite peças que apertem ou lhe entravem os movimentos.
2. É essencial que fique descalça, para que seus pés agarrem a superfície do piso ou a esteira.

Quando e o que comer: Algumas pessoas acham que se saem melhor quando praticam de estômago vazio; outras preferem fazer um lanche ou refeição leve antes de começar. Mas a regra geral consiste em esperar de três a quatro horas após uma refeição suculenta.

Não se prive do alimento necessário apenas para estar de estômago vazio quando praticar. De outro modo poderá sentir-se tonta, fraca e incapaz de completar o exercício. Descubra o que é melhor para você.

Instruções gerais para cada postura:

1. Antes de iniciar sua prática de ioga, firme a intenção de retornar continuamente ao momento atual durante o exercício.
2. Faça com que os movimentos das posturas pareçam originar-se de seu íntimo.
3. Procure ativar apenas os músculos necessários à execução do movimento de cada pose. Muitas vezes tentamos apoiar uma postura com o rosto contraído, as mandíbulas cerradas, as sobrancelhas franzidas, etc. Portanto, descontraia os músculos da face, a língua e o palato (céu da boca) ao movimentar-se e manter a postura.
4. As posturas de ioga parecem muito mais naturais e graciosas quando você abre o seu coração – literalmente expandindo o peito à altura desse órgão. Ao fazer isso, porém, procure não encurvar demais a parte inferior das costas. Procure abrir-se a partir de dentro, tanto de frente quanto de trás.
5. Enquanto inspira e expira pelo nariz, feche parcialmente a glote (o fundo da garganta) para que o ar produza um som macio e sussurrante. Esse som irá ajudá-la a concentrar sua atenção e a agir a partir de dentro.

6. Respire devagar, profunda e confortavelmente. Mantenha a boca descontraída e os lábios cerrados. Se perceber alguma alteração de ritmo, retorne à intenção inicial de estar presente, atentando para os sentimentos e as sensações internas.
7. Coordene os movimentos com a respiração, quase como se esta comandasse a postura.
8. Mantenha o olhar parado e tranqüilo durante cada postura. É bom determinar um ponto de fixação. Embora os olhos estejam abertos e mirando à frente, o verdadeiro foco e a verdadeira atenção estão dentro de você.
9. Disponha a esteira ou tapete em simetria com o recinto. Caso contrário, eles poderão distraí-la visualmente e fazê-la sentir-se desequilibrada mesmo que não o esteja.
10. Em geral, nunca force as posturas a fim de alcançar seu "ideal" de aparência exterior. Reconheça as limitações de *seu* corpo. Ainda assim, explore os limites de sua força e flexibilidade. Existe uma linha tênue entre prudência e experimentação enérgica. Aborde-a conscientemente.

DE PÉ

1. Poste-se na extremidade frontal da esteira com os pés unidos e os lados dos dedos grandes tocando-se. Deixe os braços pender livremente ao longo do corpo enquanto abre o coração e levanta os ombros. Fique ereta e firme, de olhos fechados e pés agarrados ao chão, como se fossem raízes. Ao descontrair a língua, o palato e os músculos faciais,

concentre-se na sensação interior de equilíbrio. Sinta o centro da coroa de sua cabeça erguendo-se, ajudando-a a endireitar o centro de seu corpo. Inspire e expire profunda e suavemente, mantendo sempre um ritmo regular.

2. Permaneça na posição durante vinte respirações suaves e lentas, observando o fluxo de ar que se move para dentro e para fora, dando à postura uma sensação de calma e equilíbrio.

BRAÇOS ACIMA DA CABEÇA

1. Ereta, abra os dedos dos pés e firme-se no piso, com os braços pendendo livremente ao lado do corpo. Olhe para a frente sem esforço e tome várias respirações profundas, calmas.
2. Respire profundamente e relaxe. Volte as palmas para fora e, na inspiração seguinte, erga os braços retos para cima. Sinta como suas costas se descontraem e seus ombros se afastam dos lados da cabeça. Fixe as pontas dos dedos.
3. Estire-se para o alto, conservando sempre as plantas dos pés no chão. Em seguida expire, descendo os braços para os lados do corpo e erguendo a cabeça a fim de olhar diretamente à frente. Com o tempo, será capaz de juntar as palmas das mãos acima da cabeça sem forçar os ombros ou o pescoço. Trabalhe por isso, mas sem sacrificar a graça do movimento apenas para conseguir juntar as palmas.
4. Repita o movimento lentamente cinco vezes, levantando os braços e a cabeça ao inspirar, e baixando-os ao expirar.

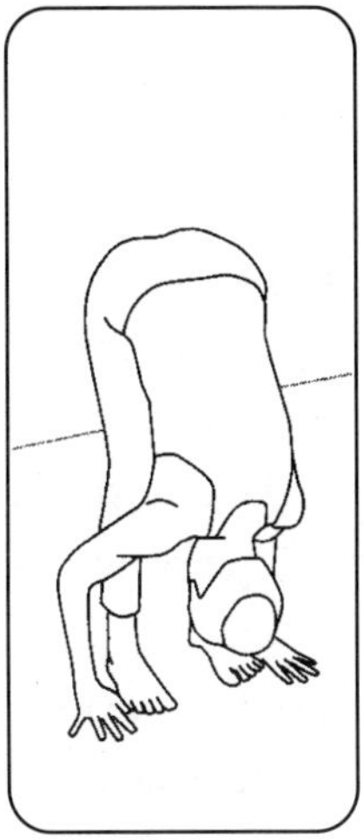

INCLINAÇÃO PARA A FRENTE

1. Poste-se ereta, com os pés separados na largura dos quadris. Deixe pender os braços ao lado do corpo e os ombros projetar-se para trás enquanto se firma no chão com as plantas dos pés. Olhe à frente e abra o coração, atentando para o âmago de seu corpo. Tome duas respirações suaves.

2. Na inspiração seguinte, pouse as mãos nos quadris. Ao expirar, comece a dobrar-se para a frente, conservando as costas retas. Ao inclinar-se, olhe ligeiramente para cima. Só se dobre até onde puder mantendo as costas retas. Fique com as pernas estendidas e os joelhos não-flexionados; mas se se sentir rígida, afrouxe um pouco os joelhos.

3. Baixe o olhar para a linha do nariz. Uma vez dobrada, apóie as mãos nas coxas, canelas ou chão (dependendo de sua elasticidade). Descontraia a coluna para permanecer confortável na posição inclinada. Tome cinco respirações profundas e vá expirando aos poucos.

4. Ao final da última respiração, coloque as mãos nos quadris e, inspirando, volte à posição ereta, endireitando as costas à medida que se ergue.

POSTURA DO TRIÂNGULO SIMPLES

1. Volte-se para o lado sobre a esteira, afaste os pés paralelamente (cerca de 80 cm, ou seja, o comprimento de uma perna). Gire o pé direito de modo a colocá-lo perpendicularmente ao esquerdo. Gire também o joelho direito completamente para o mesmo lado, na mesma direção dos dedos dos pés. Vire o pé esquerdo num ângulo de cerca de 45°. O calcanhar direito deve alinhar-se com a parte fronteira do calcanhar esquerdo. Estabilize a postura espalhando os dedos e firmando as solas dos pés no chão.
2. Pouse as mãos nos quadris. Erga a cabeça, relaxe o palato e abra o coração ao projetar os ombros para trás. Olhe suavemente à frente.
3. Tome duas respirações para encontrar o equilíbrio.
4. Inspire profundamente. No ponto alto da inspiração, incline os quadris para a direita e comece a expirar. Dobre-se lentamente sobre a perna direita. Mantenha o olhar firme e a cabeça alinhada com a coluna. Ao inclinar-se, continue o estiramento a partir do alto da cabeça e dos pés, contraindo as rótulas. Procure manter o torso reto e livremente posicionado acima da perna direita.
5. Conserve a posição por cinco respirações. Ao final da última expiração, firme os pés no chão e volte à postura ereta.
6. Repita a postura do outro lado.

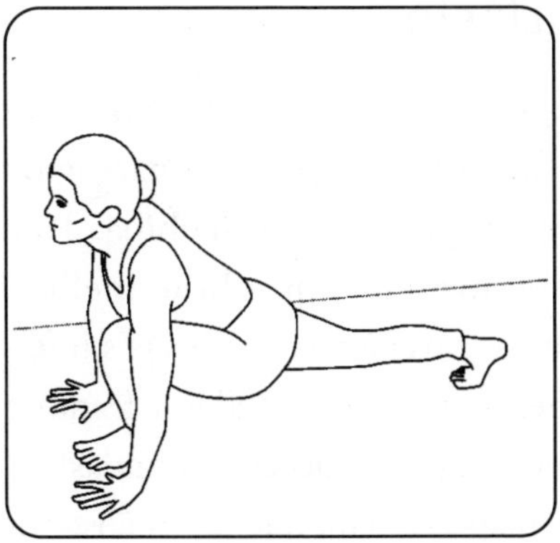

POSIÇÃO DE ARREMETIDA

1. Poste-se na extremidade da esteira com os pés unidos. Incline-se para a frente, tocando o chão com as pontas dos dedos numa largura equivalente à dos ombros, diante dos pés. Se não conseguir alcançar o chão com as mãos, mantendo as pernas retas, dobre um pouco os joelhos. Quando expirar, recue a perna esquerda para uma posição de arremetida. Se conseguir, espalme as mãos no chão firmemente. Sustente-se no dorso do pé esquerdo, mantendo-o a cerca de 80 cm do direito.
2. Estique a perna esquerda o mais possível. Abra o coração e dilate as costas fazendo pender os ombros. Mantenha a postura por cinco respirações.
3. Encoste o joelho esquerdo no chão. Recue o joelho direito para ficar de quatro. Firme o dorso do pé direito no chão e adiante o pé esquerdo até posicioná-lo entre as mãos. Conserve a arremetida desse lado por cinco respirações.
4. Encoste o joelho direito no chão e recue o esquerdo para reassumir a posição de quatro. Sente-se nos calcanhares e lentamente volte à posição ereta.

EQUILÍBRIO

1. Enquanto treina o equilíbrio, talvez prefira encostar-se a uma parede ou segurar uma peça de mobília. Para conseguir um equilíbrio melhor, poste-se no chão nu com os pés ligeiramente apartados. Olhe à frente e tome duas respirações profundas.
2. Ao inspirar, coloque as mãos nos quadris. Estique a coluna e distenda-se suavemente a partir do alto da cabeça, expirando. Transfira o peso para o pé esquerdo. Com cuidado, espalhe os dedos dos pés e firme-se no chão, distribuindo o peso igualmente pelas plantas.
3. Ao inspirar novamente, curve o joelho direito e deslize o pé para cima, ao longo da parte interna da perna esquerda. Use a mão direita para ajudar a levantá-lo e apóie-o na parte interna superior da coxa esquerda. Quando se sentir estável, abaixe o pé e coloque de novo a mão no quadril.
4. Permaneça em equilíbrio por cinco respirações. Não trave nem estenda demais o joelho esquerdo, mas deixe que fique descontraído, embora firme. Fixe um ponto ao nível do olho ou no chão, a vários palmos diante de você. Não se esqueça de respirar! Ao expirar, abaixe a perna direita e reassuma a posição ereta, distribuindo o peso igualmente por ambos os pés.
5. Repita a postura do outro lado.

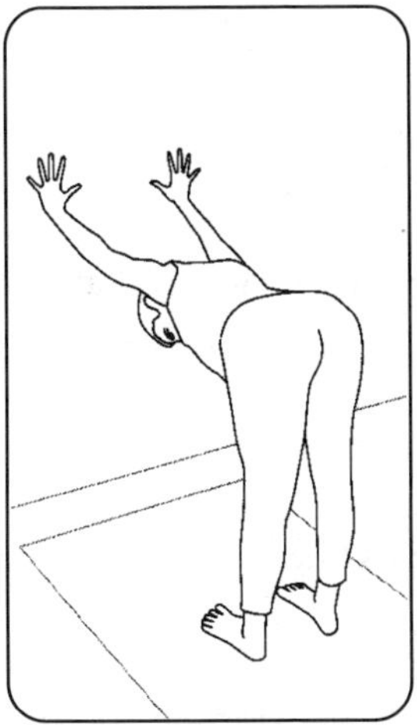

CACHORRINHO NA PAREDE

1. Poste-se diante de uma parede nua, a cerca de 60 cm de distância, com os pés separados na largura dos quadris. Coloque as mãos, na largura e altura dos ombros, contra a parede. Abra os dedos, com os médios apontando para cima.
2. Recue e deslize as mãos pela parede até que suas costas fiquem perpendiculares ao chão. Mantenha as pernas retas e as mãos ligeiramente mais altas que a cabeça. Descontraia o pescoço e baixe a cabeça por entre os braços. Fique assim por cinco respirações.
3. Após a última expiração, inspire enquanto desliza as mãos pela parede acima, até voltar à posição ereta. Permaneça nessa postura, em equilíbrio, por duas respirações.

CACHORRINHO SEMIDEITADO

1. Fique de quatro. Deslize as mãos para a frente, estendendo os braços enquanto se projeta para a frente e pousa a fronte no chão. Mantenha as coxas na vertical e firme-se na ponta dos dedos dos pés. Feche os olhos e estique-se. Respire.

2. Distenda a coluna erguendo e baixando os quadris, adiantando e recuando a fronte. Mantenha os braços estirados, os ombros para trás, as axilas e os pulsos distanciando-se levemente do solo.
3. Permaneça nessa posição por cinco respirações. Ao inspirar, recolha os joelhos e sente-se a meio, sempre com a fronte no chão. Depois de uma respiração completa, sente-se por inteiro.

ESFINGE

1. Deite-se de bruços na esteira, com as pernas juntas e os braços ao longo do corpo. Pouse a fronte no chão e tome duas respirações profundas.
2. Erga-se nos cotovelos, com as mãos apontando para a frente, a cabeça e o tórax levantados. Deslize os cotovelos para que fiquem exatamente sob os ombros. Os dedos devem estar bem abertos e estirados, os antebraços paralelos e os pulsos pressionados contra o piso. Olhe diretamente à frente.
3. Permaneça assim por cinco respirações profundas e lentas. Pressione o chão com os cotovelos, antebraços, pulsos e mãos, fazendo com que as costelas se dilatem na frente e atrás, e os ombros recuem. Mantenha as pernas retas e ligeiramente tensas.
4. Durante a última expiração, pouse novamente a fronte no piso. Feche os olhos e puxe os braços para trás, para junto do corpo. Fique nessa posição por duas respirações, tentando registrar todas as sensações residuais.

REPETIÇÃO

Repita a Esfinge e o Cachorrinho Semideitado duas vezes, antes de passar para a fase seguinte.

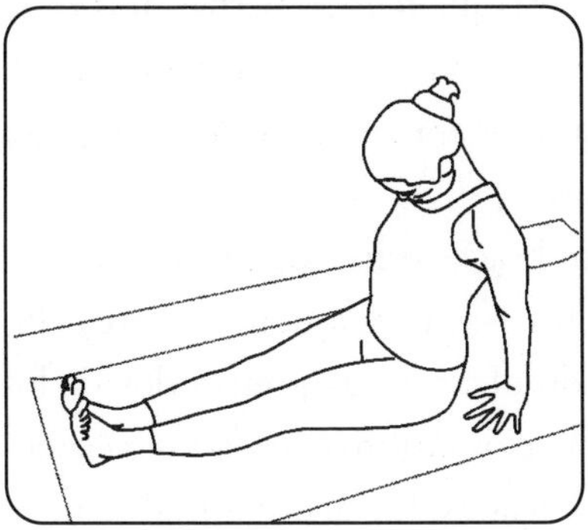

APOIO

1. Sente-se com as pernas esticadas. Pouse as palmas das mãos no chão, um pouco atrás das nádegas. Os dedos devem apontar para a frente, com os braços completamente estirados. Se se sentir rígida, recue um pouco os braços.
2. Flexione os pés e empurre os calcanhares para a frente, a fim de alongar as pernas. Incline um pouco a cabeça e olhe para baixo. Mantenha a integridade da postura com as costas e os braços retos, os ombros recuados e as pernas estiradas. Fique assim por cinco respirações e depois relaxe.

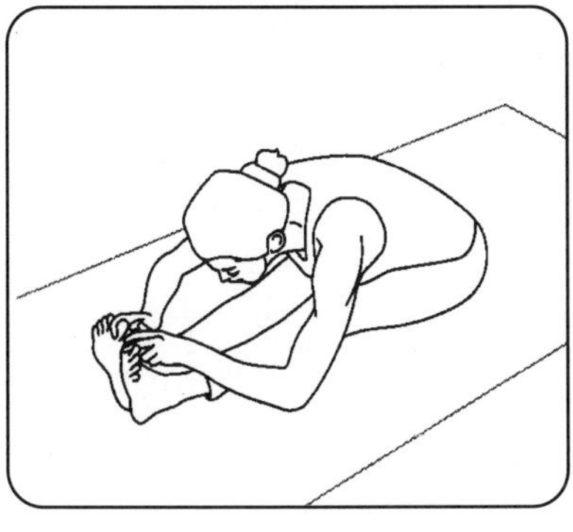

INCLINAÇÃO PARA A FRENTE NA POSIÇÃO SENTADA

1. Sente-se com as costas retas e as pernas esticadas para a frente. Role de um lado para outro e estire os músculos das nádegas a

fim de mantê-las aderidas ao chão o máximo possível. (Se suas costas se curvarem e você não conseguir permanecer reta, ou não puder estirar as pernas, coloque uma almofada sob os quadris. Em seguida, eleve-se até ficar sentada confortavelmente.) Flexione os pés e estique bem as pernas, forçando os calcanhares para a frente. Não vire as pernas para o lado: mantenha as rótulas apontando para cima. Permaneça nessa posição por cinco respirações.

2. Ao inspirar, erga e estique os braços acima da cabeça. Ao fim da inspiração, comece a inclinar-se para a frente a partir dos quadris e expire, procurando alcançar as pontas dos dedos dos pés. Abra o coração e afaste os ombros dos lados da cabeça, sempre com as pernas esticadas. (Se achar difícil manter as pernas esticadas, veja se está suficientemente elevada. Poderá também curvar os joelhos, mas apenas se sentir dor nas costas.)
3. Dobre-se para a frente até onde puder fazê-lo sem desconforto. Se não conseguir segurar os dedos grandes dos pés, amarre uma correia à volta dos pés, bem debaixo do dorso. Segure então a ponta da correia e puxe sem esforço. Aos poucos, vá estirando as pernas, impulsionando os dedos dos pés para a frente. Mantenha a postura por cinco respirações. Ao inspirar, relaxe e volte à posição sentada.

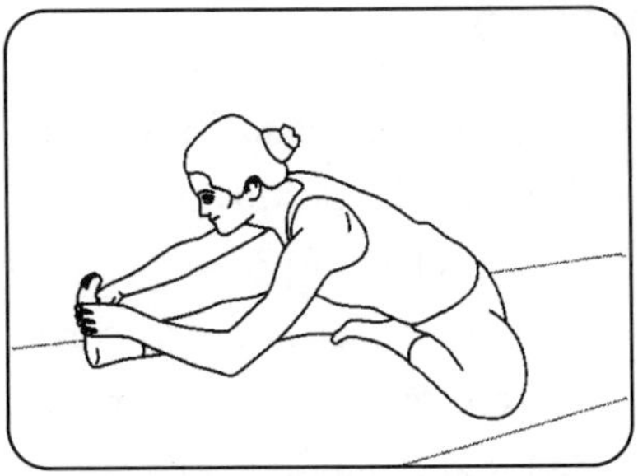

INCLINAÇÃO COM O PÉ NA COXA

1. Sente-se com as pernas esticadas. Se suas pernas se curvarem, eleve os quadris colocando sob eles uma almofada. Abaixe o joelho direito para o lado e coloque o pé direito na parte interior e superior da coxa esquerda. Se o joelho direito não repousar confortavelmente no chão, apóie-o com uma almofada.
2. Ao inspirar, levante e estique os braços acima da cabeça. Ao final da inspiração, comece a dobrar-se para a frente a partir dos quadris. Expire e tente segurar as pontas dos dedos do pé esquerdo. Abra o coração e afaste os ombros dos lados da cabeça, sempre com as pernas esticadas.
3. Incline-se até onde possa fazê-lo sem forçar as costas ou as articulações dos quadris. Se não conseguir alcançar os dedos do pé, amarre uma correia à volta dele e puxe, para poder inclinar-se. Mantenha o pé esquerdo flexionado e na vertical. Fique nessa posição durante cinco respirações.
4. Ao inspirar, sente-se e estire as pernas. Repita a postura do outro lado.

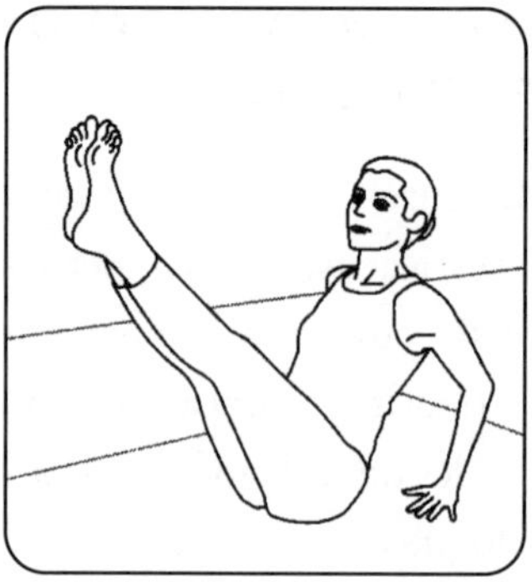

BARCO

1. Sente-se com os joelhos dobrados e as plantas dos pés pousadas no chão. Apóie-se com as mãos no chão, atrás do corpo, abertas na largura dos ombros, dedos apontando para a frente. Mantenha as costas o mais retas possível, com os quadris projetados para a frente. Olhe para baixo e fique nessa posição por duas respirações.
2. Após expirar, erga os pés e estique as pernas até que elas formem um ângulo de cerca de 45° com o chão. Talvez precise inclinar-se um pouco para trás ao erguer os pés, mas procure em seguida forçar o torso para a frente, transferindo o peso dos braços para os quadris. Permaneça nessa posição, com o coração aberto e os ombros recuados. Fixe o olhar nos dedos dos pés durante cinco respirações. Relaxe e descanse durante uma respiração; depois, repita o exercício duas vezes.

POSTURA DO SAPATEIRO

1. A partir da posição sentada, junte as solas dos pés e dobre os joelhos de modo que fiquem apontando para os lados. Segure os pés, comprimindo-os firmemente um contra o outro e forçando os dedos para a frente. Se não conseguir manter as cos-

tas retas e os quadris colados ao chão, sente-se sobre uma almofada.

2. Puxe os pés em direção ao corpo, do qual devem ficar afastados não mais que de 10 a 20 cm. Olhe com firmeza à frente. Relaxe os músculos dos quadris e force os joelhos para baixo, aproximando os lados das pernas o máximo possível do chão. Permaneça nessa posição durante cinco respirações.

GIRO DE COLUNA

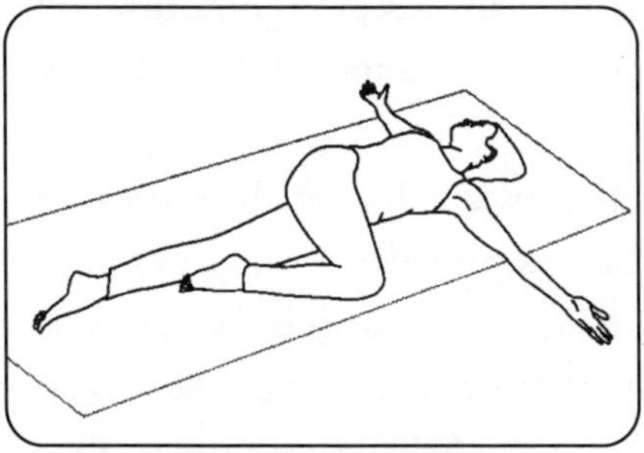

1. Deite-se de costas e olhe para cima, com as pernas esticadas. Estenda os braços para os lados, à altura dos ombros, com as palmas pousadas no chão. Tome duas respirações, estirando o corpo a partir dos pés e do alto da cabeça.
2. Ao inspirar, recolha o joelho direito e coloque o pé direito sobre o joelho esquerdo. Ao expirar, gire os quadris para a esquerda, forçando para baixo o joelho direito. Mantenha a perna esquerda esticada e os braços abertos. O braço direito poderá levantar-se, mas faça o possível para manter pelo menos o ombro direito pousado no chão. Permaneça nessa posição por cinco respirações.
3. Ao inspirar novamente, volte à posição inicial e estenda a perna direita. Repita o giro com a esquerda, desta vez com o joelho esquerdo curvado e o torso dobrado para a direita. Repita duas vezes de cada lado.

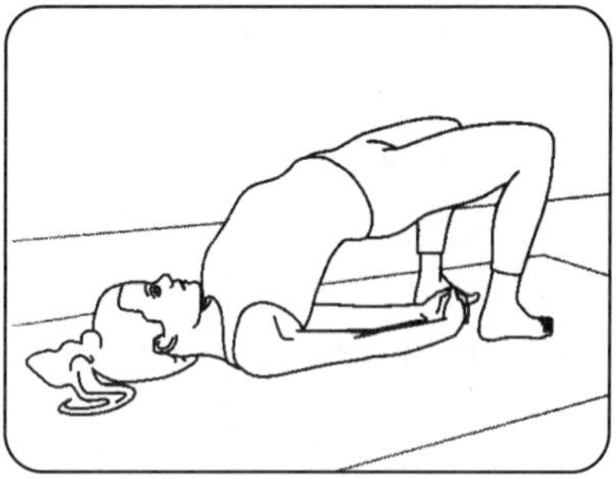

PONTE DE OMBROS

1. Deite-se de costas. Inspire, dobre os joelhos e pouse as plantas dos pés no chão, com os calcanhares quase em contato com os quadris. Você deverá ser capaz de tocar os tornozelos com as pontas dos dedos, mas sem segurá-los. Deixe os braços estirados no chão. Recue os ombros e descontraia o pescoço, mantendo a cabeça apoiada no chão. Respire duas vezes.
2. Ao expirar, comece a levantar os quadris do chão. Pressione com os pés e mantenha as coxas paralelas. Projete os ombros para baixo e para trás. Entrelace os dedos atrás das costas. Estique os braços ao longo do chão e relaxe os músculos do pescoço. Aproxime o tórax do queixo (não o contrário!) e abra o coração. Fique na posição durante cinco respirações e em seguida abaixe os quadris, pousando o sacro no chão por último. Desenlace os dedos enquanto se abaixa.

GIRO COM OS JOELHOS DOBRADOS

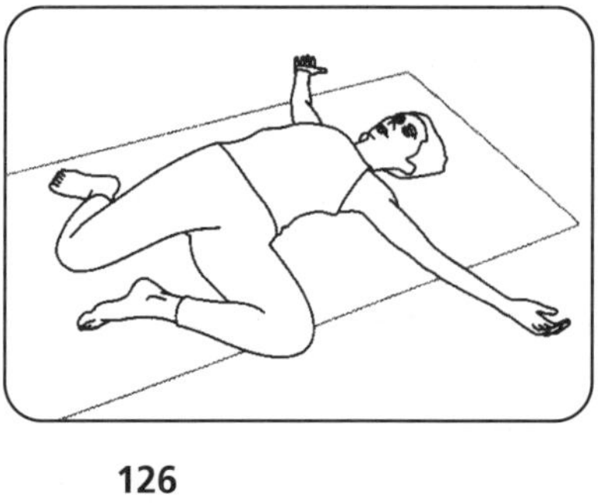

1. Deite-se de costas com os joelhos dobrados. Afaste ligeiramente os pés dos quadris, deixando-os pousados nas bordas da esteira, afastados cerca de 40 cm.

2. Abra os braços ao longo do chão, à altura dos ombros, com as palmas voltadas para cima. Ao expirar, abaixe ambos os joelhos para o lado direito da esteira. Mantenha a parte superior das costas apoiada ao chão, estendendo os braços e girando a porção inferior da coluna. Fique assim por três respirações.
3. Ao inspirar, erga os dois joelhos ao mesmo tempo e abaixe-os para o lado esquerdo, enquanto expira. De novo, mantenha as costas apoiadas no chão, ao completar o giro. Após cinco respirações, levante ambos os joelhos para o centro, inspirando.
4. Repita esse giro cinco vezes para cada lado. Após o último, estique as pernas ao longo do chão e fique deitada de costas por duas respirações profundas.

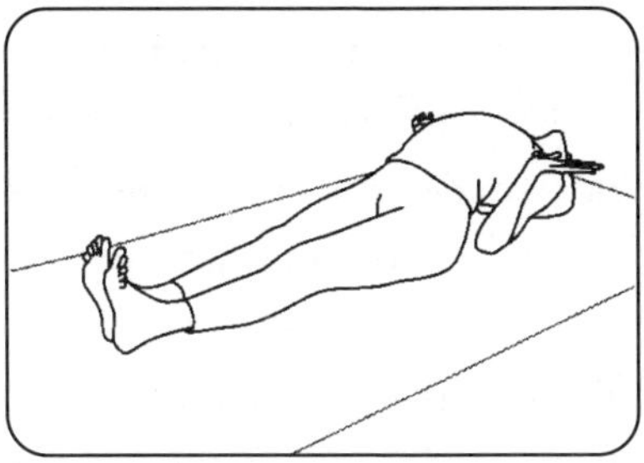

PEIXE

1. Deite-se de costas, estique as pernas e mantenha os braços ao lado do corpo. Estire-se a partir dos calcanhares e respire duas vezes.
2. Apoiando-se nos cotovelos, levante o tronco enquanto inspira e projeta ligeiramente os quadris à frente. A partir da coluna, estique a cabeça para trás de modo que a parte posterior-superior do crânio pouse confortavelmente no chão. Olhe suavemente para baixo.
3. Ao inspirar, pressione o chão com os cotovelos para abrir o coração e expandir o tórax. Expire e deslize os dedos para bai-

xo dos quadris. Faça com que os quadris se apóiem firmemente no chão.

4. Continue a fazer pressão com os cotovelos e reposicione-se para obter um melhor estiramento. Afaste os dedos de sob os quadris, sempre com os cotovelos no chão. Permaneça assim por cinco respirações.
5. Para desfazer a postura, pouse as mãos no chão. Ponha mais peso nos cotovelos e levante a cabeça. Estire o pescoço e, lentamente, retome a posição deitada. Mantenha essa postura por duas respirações.

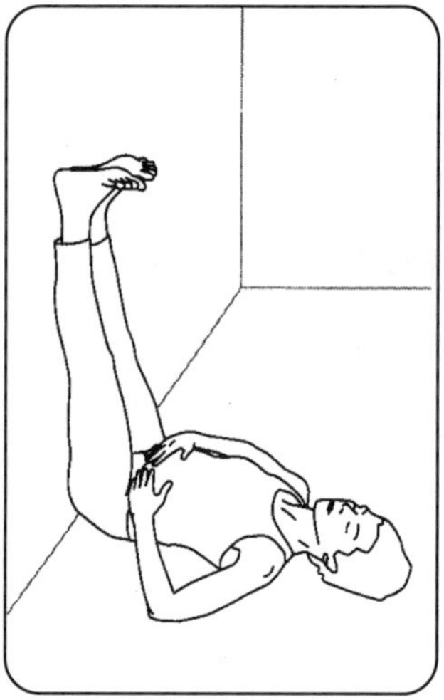

PÉS NA PAREDE

1. Aproxime a esteira do rodapé de uma parede nua. Deite-se de costas, com os quadris o mais próximo possível da parede. Levante as pernas juntas ao longo da parede, de modo que formem com o corpo um ângulo reto.
2. Pouse as mãos no baixo-ventre e feche os olhos. Permaneça nessa posição por pelo menos dez respirações. Recolha os joelhos e curve-se para o lado, a fim de desfazer a postura.

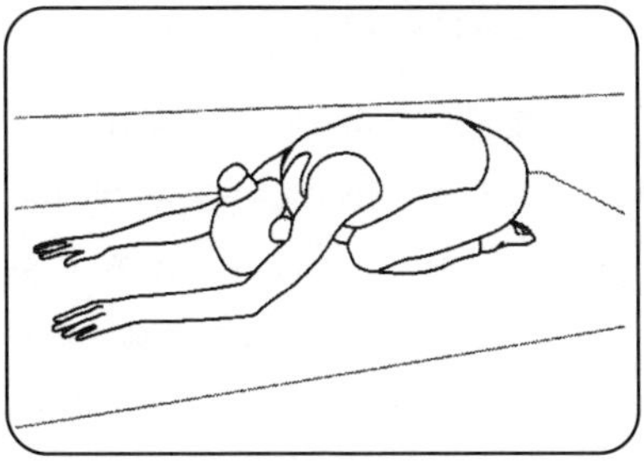

POSTURA DO BEBÊ

1. Fique de quatro. Sente-se sobre os calcanhares, dobrando bem o torso a partir dos quadris. Coloque as mãos no chão, braços estendidos, e pouse a fronte no chão, por entre os braços.
2. Relaxe. Permaneça assim durante pelo menos dez respirações, com os olhos fechados.

POSIÇÃO SENTADA

1. Sente-se no chão com as pernas cruzadas à frente e as costas retas. Não force as pernas nem os joelhos. Como na posição do sapateiro, coloque uma almofada sob os quadris, se necessário, para firmar a pelve e endireitar as costas.
2. Pouse as mãos no colo ou nos joelhos e feche os olhos. Recue os ombros e projete-se para cima, a partir do alto da cabeça, a fim de dar ao torso a sensação de que está flutuando. Permaneça nessa posição durante vinte respirações.

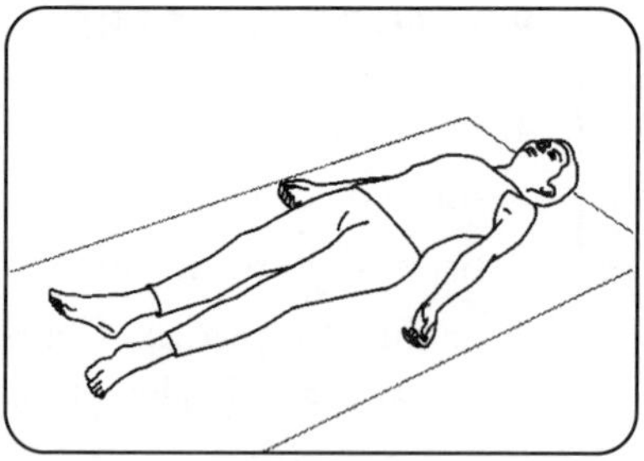

CADÁVER

1. Deite-se de costas com os olhos fechados e as pernas juntas, procurando distender-se a partir dos calcanhares. Baixe os ombros para o chão enquanto relaxa. Distancie os pés um do outro e respire suave e ritmicamente. Permaneça assim por pelo menos vinte e cinco respirações ou até que seu corpo se sinta calmo e descontraído. Permaneça na posição até dez minutos, se quiser.
2. No fim, tome várias respirações profundas; depois, comece a mover lentamente os dedos das mãos e dos pés. Estire os braços acima da cabeça e distenda as pernas. Recolha uma perna após outra e gire suavemente para o lado direito, repousando a cabeça no braço. Assuma a posição do bebê e descanse por cinco respirações. Aos poucos, vá se sentando e permaneça nessa postura por pelo menos dez respirações, concluindo assim sua prática de um dia.

PRÁTICA: A TRADICIONAL MEDITAÇÃO NA POSIÇÃO SENTADA – PRAZER E DOR

Essa meditação na posição sentada, como a que se faz andando (ver Capítulo 4, pág. 72), deriva da tradição budista Vipassana. Nós a adaptamos para enfatizar a observação dos dois pólos que dominam boa parte de nossa existência: o prazer e a dor.

O budismo ensina que nós sofremos porque tentamos propiciar as experiências agradáveis e rejeitar as penosas. Corremos de braços abertos para as coisas boas e fugimos desabaladamente das más. Entretanto, é a ânsia de prazer que provoca a dor, pois é desagradável não ter o que se quer. Num mundo de mudança constante, mesmo quando obtemos o que desejamos, esse prazer deve acabar cedo ou tarde. A perda do prazer é que nos causa sofrimento. De igual modo, tudo o que magoa também passa, ensejando a possibilidade de novas satisfações.

A prática na posição sentada permite-lhe observar a dor e o prazer, surpreendê-los movendo-se por sua mente sem se deterem e sem serem expelidos um pelo outro. Quando você observa as sensações penosas indo e vindo, conclui que elas não são uma massa sólida e imutável. Ao contrário, são coisas que constantemente se transformam, não têm existência real e duradoura. Da mesma forma, você apenas acompanha as sensações agradáveis deslizando pela mente. Em vez de tentar agarrá-las, observe, pura e simplesmente, seu desejo de sentir prazer.

SENTE-SE:

1. Sente-se numa posição confortável, de preferência diretamente no chão. A melhor posição é aquela que permite às suas pernas e joelhos permanecerem descontraídos por um bom período de tempo. Sentar-se no chão é uma postura tradicional que induz um estado físico cheio de energia e um estado mental contemplativo.

2. Contudo, para muitas pessoas, sentar-se no chão desse modo não é confortável ou mesmo possível. Uma boa variação consiste em apoiar as costas na parede. Isso ajuda a manter o corpo ereto e a coluna reta, ao mesmo tempo que desloca a pressão das pernas e dos joelhos. Se isso também se revelar incômodo, uma poltrona ou cadeira servirão. Sentar-se confortavelmente – no chão ou numa cadeira – é essencial nessa prática. Portanto, opte pelo conforto!

3. Muitas pessoas que preferem sentar-se no chão recorrem a almofadas ou travesseiros para sentir-se à vontade durante longos períodos de tempo. Em geral, convém manter a parte posterior dos joelhos em contato com o chão. Para tanto, é necessário sentar-se na beira da almofada e posicionar o corpo no ângulo certo para que os joelhos toquem o chão, enquanto as costas permanecem retas. Se ainda assim os joelhos não pousarem comodamente no chão, coloque um travesseiro sob eles.

4. Também não há problema em sentar-se numa superfície macia, como um tapete, carpete ou cobertor, para que os calcanhares não fiquem doloridos em contato com o chão. Experimente com várias combinações de almofadas, cobertores e travesseiros, até descobrir a que convém melhor a seu corpo.

Quando e onde:

1. Tal qual se dá com a da ioga, programar a prática na posição sentada para o mesmo horário, diariamente, acaba por inseri-la em sua rotina. Todavia, se isso não for possível, determine o horário que quiser – apenas, integre a prática à sua agenda diária.
2. Quarenta e cinco minutos constituem um bom período de tempo para a prática na posição sentada; mas se achar demasiado no início, vá treinando aos poucos sua resistência. Comece com dez minutos e vá acrescentando mais cinco a cada semana, até chegar aos quarenta e cinco. Repetindo: dez minutos de meditação são melhores que nada!
3. É preferível não comer antes de sentar-se. Um estômago vazio dá uma sensação física mais agradável e evita a sonolência que quase sempre se segue às refeições.
4. Estas são simples recomendações gerais. Achar tempo para as práticas tanto da ioga quanto da posição sentada pode ser difícil, levando-se em consideração sua agenda repleta. Nesse caso, alterne as práticas ao longo da semana.
5. Afinal, é você quem decide por quanto tempo e quantas vezes ficará sentada. O objetivo principal resume-se em elaborar um esquema sustentável que se adapte àquilo que você é

e a seu estilo de vida. Desse modo, colherá benefícios duradouros.

6. Se possível, reserve um espaço em sua casa para as práticas da ioga e da posição sentada – espaço tranqüilo, um "lar" dentro de seu lar. Cuide também para não ser perturbada nos horários escolhidos.

Para dentro:

1. Sentada confortavelmente, feche os olhos. Atente para todos os ruídos externos que conseguir ouvir: som de rádio, de carros passando pela rua, etc. Os ruídos internos costumam ser mais sutis e delicados: o zumbido dos ouvidos ou o rumor primordial que poderá escutar caso prestar-lhe bastante atenção: o sussurro de sua existência.
2. Em seguida, observe os movimentos inspiratório e expiratório. Respire pelo nariz. Ao contrário do que ocorre com a prática de ioga, na meditação em posição sentada não se tenta controlar a respiração. Você apenas a observa enquanto ela flui naturalmente. Repare nas diferentes qualidades de cada respiração: suave, forte, contida, firme, animada, fria, rápida, lenta. Observe sem se perguntar como será ou deverá ser a próxima respiração. Concentre a atenção num ponto determinado (ponta do nariz, tórax, abdome). Isso ajudará a firmar sua atenção.
3. Para firmar a atenção e manter o estado consciente, você talvez ache útil elaborar uma espécie de registro mental que nomeará rapidamente o que estiver observando. Por exemplo: se concluir ser adequado observar a respiração com mais

atenção, poderá chamar a inspiração de "soerguimento" ou "para dentro", e a expiração de "queda" ou "para fora". Descubra se esse tipo de classificação a ajuda a concentrar-se melhor ou a distrai (nesse caso, evite-o).

4. Tão logo a atenção na respiração for interrompida por pensamentos, reconheça que está pensando. Observe apenas o processo, sem se envolver com o conteúdo dos pensamentos. Quaisquer que sejam estes – listas de compras de supermercado, julgamentos, fantasias, planos de férias, lembranças –, deixe-os vir e observe-os. De novo, poderá registrar "pensando" quando eles aparecerem. Ao tomar consciência de que está pensando, talvez isso já venha acontecendo há muito tempo! É perfeitamente normal. No momento em que descobrimos ter estado às voltas com pensamentos, temos a oportunidade imediata de retomar a concentração. A percepção é o nosso vínculo com a consciência.

5. Depois que o pensamento não dominar mais sua atenção, volte a observar o ato respiratório. Nessa prática, observar a respiração ou os pensamentos é a mesma coisa: você apenas nota o que ocupa o centro do palco e atrai sua atenção a qualquer momento.

6. Ao meditar, começará a perceber também sensações físicas de calor, frio, formigamento, ardência, dor, prurido, etc. Quando essas sensações surgirem e ocuparem sua atenção, observe-as cuidadosamente. Também aqui é útil reconhecer a sensação com uma rápida nota mental – "calor", "frio", "formigamento". Depois que a sensação deixar de ocupar o centro de sua atenção, volte a observar o ato respiratório.

7. Agora comece a reparar nas emoções ou estados mentais que forem aparecendo: medo, raiva, tristeza, felicidade, saudade, temor, ansiedade, afeto. Recorra ao processo de registro, caso achar que ele ajudará você a concentrar-se melhor – "feliz", "triste", "confusa". Depois que as emoções forem reconhecidas e eliminadas, volte a observar a respiração. (*Nota*: se a emoção for muito forte, procure determinar o que está sentindo fisicamente. Muitas vezes existe um correlativo físico da emoção.)
8. Esteja alerta para os sons, pensamentos, sensações físicas e emoções que surgirem e desaparecerem. Na meditação em posição sentada, tudo se dá como se você observasse uma interminável fita cinematográfica, fotograma por fotograma. A cada instante a fita avança um quadro e você, como público, apenas assiste a ela. Atente para cada novo fotograma que aparecer na tela. Atente também para o que for desaparecendo e dando lugar a outro.
9. Em todos esses níveis – som, pensamento, sensação física e emoção – experimentamos prazer e dor. Na posição sentada, talvez sintamos incômodo físico nos joelhos, pescoço ou costas; ou achemos gostoso estar nessa posição, encontrando prazer na calma e na tranqüilidade. De igual modo, é possível achar agradável ou desagradável observar o som, a respiração, os pensamentos, as sensações ou os sentimentos.
10. Observe sua tendência a agarrar-se a experiências prazerosas. "Eis o que é a meditação: um sentimento de paz e felicidade! Adoro ficar sentada aqui e gozar desses momentos agradáveis!" Agora, note como repele as experiências penosas: "Por que *minhas* costas têm de doer tanto? Gostaria de

recuperar o sentimento maravilhoso e suave que me dominava há pouco!" Nossa tendência inata a afastar a dor e invocar o prazer é visceralmente humana; não há nela nada de que devamos nos envergonhar ou orgulhar: nós somos assim. Entretanto, ela nos mantém presos ao desejo de coisas prazerosas e à rejeição de coisas desagradáveis. Aprender a não invocar nem rejeitar a dor ou o prazer pode ensinar-nos a encontrar a paz que nos sustente em ambos os pólos da experiência. Conseguiremos então despertar para o que for o *nosso* quinhão do momento e alimentar uma aceitação pacífica.

11. Quando lhe sobrevier um sentimento penoso, em vez de classificá-lo de dor, assuma uma atitude mais investigativa. Quais são as sensações que está realmente experimentando? De ardência, prurido, formigamento, calafrio, palpitação? É uma sensação que se dilata ou se contrai? É quente ou fria? Aja como se nunca tivesse tido essa sensação antes e questione corajosamente sua natureza com mente aberta.

12. Tente concentrar a respiração no ponto doloroso, utilizando-a para esclarecer a natureza da dor e observá-la. Muitas vezes, verá que a sensação classificada como "dor" se dissolve e desaparece. O segredo é o seguinte: quando você observa a dor apenas para livrar-se dela, regride à atitude habitual de fugir ao sofrimento; mas se concentra a respiração na sensação, como um honesto meio de pesquisa, consegue acompanhar o processo de mudança e transformação da dor. Descobrirá então que esta não é uma massa sólida e inalterável, mas um fenômeno de sensibilidade que se desvanece quando lhe surpreendemos a natureza temporária.

13. Também é importante reconhecer que existe uma distinção entre dor temporária, que passa logo, e dor real, provocada por má postura ou tempo excessivo na posição sentada. Uma boa regra distintiva é observar se a dor desaparece logo depois de você se levantar e esticar as pernas. Se a dor persistir, o melhor será modificar a postura. Ou então recorra aos suportes de postura sugeridos acima, como uma poltrona ou uma parede de apoio.
14. Tal como fez com as experiências dolorosas, observe agora as prazerosas. Tente concentrar-se nelas sem as expelir, o que poderá perturbar sua atenção. Em lugar de registrar apenas "prazer", descreva o que é prazeroso: o pensamento, a sensação ou a emoção? Como no caso da dor, permanecer atenta sem mergulhar no prazer será um grande desafio para você. Nós ansiamos por agarrá-lo e conquistar alguns momentos de felicidade. Ainda aqui nada há de errado com essa tendência: é humana e, sem dúvida, muitíssimo agradável! Entretanto, na prática ora descrita, o que queremos é aprender a observar aquilo que surge e passa, identificando-nos pessoalmente com isso.

Reflexão: A prática da meditação ensina-nos a reconhecer o que constitui a nossa existência de momento a momento. Aprendendo a observar, em vez de agir cegamente, aprendemos também a escolher as nossas ações. A meditação aguça a percepção daquilo que significa estar vivo, pois, ativamente, acompanhamos a cada instante o que fazemos, pensamos e sentimos.

Quando aprendemos a não correr para o prazer e a não fugir da dor, livramo-nos da resposta automática a cada um deles. Reservamo-nos algum tempo e espaço a fim de considerar, de uma perspectiva nova, que ações nos garantirão uma felicidade mais duradoura.

Praticando a meditação juntamente com a ioga, adestramos nosso corpo e mente para trabalharem juntos e gerarem lucidez na ação. Nem a meditação nem a ioga podem funcionar sozinhas: são complementares e, unidas, aceleram o processo de mudança positiva.

Livre-se do hábito

É grande a força do hábito. Passamos boa parte da vida preferindo um pensamento a outro, uma ação a outra – apenas por hábito. Muitos de nossos problemas físicos e alimentares persistem porque agimos automaticamente. Podemos às vezes, com entusiasmo, procurar soluções novas para nossas mazelas. Mas, ao peso de um hábito arraigado, o dinamismo é uma ilusão.

O que mais intriga em nossas tentativas de modificar esquemas é o fato de conseguirmos perceber nitidamente o que fazemos a maior parte do tempo. Sabemos muito bem que a toda hora recuamos para certos esquemas de comportamento. Entretanto, parece que não atinamos com o motivo de isso acontecer sempre, tanto mais que tentamos desesperadamente robustecer nossa força de vontade e operar mudanças.

As práticas mente/corpo ajudam-nos a esmiuçar e superar nossos hábitos. Quando praticamos, temos a oportunidade única de observar, pura e simplesmente, nossos padrões, para afinal conhecê-los.

Se um hábito surge fora da esfera da prática, em geral nos apegamos totalmente a ele: queixamo-nos à esposa da louça suja na cozinha, abrimos o armário e atiramos um petisco à boca ou olhamos com desgosto para o espelho, quando saímos às pressas para trabalhar. Nesses casos, agimos inconscientemente – é assim que os hábitos funcionam.

Na melhor das hipóteses, podemos notar por um momento que estamos repetindo esses atos vezes sem conta. Eles reaparecem porque se originam de um padrão profundamente enraizado. Já não conseguimos percebê-los: abismaram-se nas trevas densas de nosso inconsciente.

Quando nos entregamos às práticas mente/corpo, apenas observamos a manifestação do hábito sem nos rendermos a ele. Eis, por exemplo, uma idéia habitual que pode lhe ocorrer: "Sou uma porquinha gorda!" Agora, porém, estamos plenamente conscientes das palavras; nós as ouvimos, nós observamos o doloroso julgamento. Não nos metemos mais por um beco sem saída carregando os pensamentos, sentimentos e sensações que nos ocorreram. Na prática lúcida, observamos e chegamos por fim a compreender que sensações, sentimentos e pensamentos são esses.

Os hábitos podem medrar como fungos luxuriantes na escuridão de seu inconsciente e assumir um poder indevido porque não precisam enfrentar a luz do dia. Julgamentos e hábitos se transformam muito naturalmente à luz de nossa consciência. Perdem sua força desproporcional quando os vemos tais quais são.

Desse modo, uma prática mente/corpo pode alterar por completo sua vida. Você passará a observar e a conhecer os hábitos e padrões inconscientes que vinham governando sua existência. Começará, realmente, a conhecer a si mesma: seu eu total e não só o esboço parcial disponível sem reflexão. Pensar e agir conscientemente constitui a liberdade absoluta que fruímos quando estamos de fato em casa.

OITO

Aprofunde sua prática alimentar

Tão logo o líquido tépido, misturado ao biscoito, tocou meu palato, um súbito calafrio percorreu-me e estaquei, atento à experiência notável que me estava acontecendo... Essa sensação nova teve em mim o efeito do amor, insuflando-me sua preciosa essência; melhor dizendo, essa essência não estava em meu eu, era eu.

– Marcel Proust, *No Caminho de Swann*

Prestidigitação

O fascínio da mágica reside na habilidade do mágico de criar ilusão. Primeiro, ele capta a confiança da platéia garantindo-lhe que é inteiramente digno de crédito ("Nada nesta mão!"). Então, o truque começa. Ele lhe mostra um baralho de cartas e procura chamar sua atenção para uma série de detalhes – os naipes, os números, as seqüências, etc. Às vezes, convoca alguém da platéia para escolher uma das cartas ou embaralhá-las. Enquanto você observa esses pormenores complicados, o mágico joga um jogo completamente diferente – na verdade, tem uma carta na manga.

Pois é assim que o conflito do alimento e do corpo se cria e se mantém; mas, no caso, nós mesmas somos o prestidigitador que nos engana. Abismamo-nos na ilusão mágica aceitando alguns ou todos os postulados implícitos na Aliança:

1. Há um jeito certo e um jeito errado de parecer: o jeito certo é a modelo supermagra.
2. Toda mulher deveria querer ser uma modelo supermagra.
3. O caminho para a esbeltez é a dieta, o exercício ou qualquer outro método externo de controle de peso.
4. Siga essas normas para que a esbeltez e a beleza sejam suas para sempre.
5. Você poderá ter tudo isso a vida inteira: ser magra e ter o visual certo garante a felicidade e a bem-aventurança eternas.

Por isso, começamos pelo primeiro passo: "Devo ser magra! Preciso ser magra! Farei de tudo para ser magra!" Passamos em seguida aos próximos passos, tentando atingir um objetivo fugidio que nunca parece estar ao nosso alcance. "Não consigo emagrecer!" ou "Estou dez quilos abaixo do peso ideal, passo fome com êxito e, ainda assim, não estou satisfeita!"

Os postulados da Aliança criam uma miragem hipnótica, uma ilusão coletiva, do princípio ao fim. Se você começar realmente a questionar qualquer dos pressupostos da Aliança, desmascarará desde logo sua vacuidade. Por que todas as mulheres devem ser modelos magras e adequar-se a padrões que melhor convêm à boneca Barbie? As dietas nos tornam mesmo esbeltas para sempre? Ora, esperem um minuto: vale a pena nos mortificarmos tanto para ser tão magras? Isso nos fará felizes? "Magreza significa felicidade" é uma espécie de fórmula eterna para vivermos felizes por muitos e muitos anos?

Se isso for verdade, as mulheres pobres, que não têm o bastante para comer, devem sentir-se felicíssimas, pois são magérrimas. Eis aí uma declaração ofensiva e ridícula. Mas igualmente ofensivo é o fato de as mulheres, no próspero mundo ocidental, entregar-se à ilusão vazia de morrer de fome para ser felizes, enquanto suas irmãs de outras terras menos afortunadas acreditam que ter um pouco mais de comida sem dúvida lhes traria algum alívio.

Contemplar nossa obsessão ocidental com o alimento e a esbeltez no contexto do planeta como um todo ajuda-nos a perceber até que ponto isso é ridículo e sem sentido. Há decerto, na vida, algo mais que a busca inútil e frívola da magreza.

Como enxergar através da ilusão

É provável que a Aliança tenha deixado de funcionar para você, do contrário não estaria lendo este livro. Pode ser que a última fórmula mágica para perda de peso haja sido eficaz durante algum tempo e depois cessou de sê-lo. Agora você tenta descobrir como ativá-la novamente. Mas talvez esteja cansada de tudo isso e procure outra saída. Quer o saibamos ou não, quando aderimos à Aliança, equacionando felicidade e magreza, somos apanhadas numa armadilha. Os anéis que formam as cadeias dessa armadilha revelam-se traiçoeiros. Para muitas de nós, parecem os próprios elementos que julgamos capazes de nos trazer a liberdade. Se você olhar mais de perto, o que verá é uma corrente composta de colheres graduadas, balanças, tabelas de calorias, métodos de ginástica, listas de alimentos proibidos e recomendados, enfim, todos os comportamentos exteriores que aprendemos a considerar úteis para permanecer magras e felizes.

Neste capítulo, examinaremos os tênues vínculos que constituem a corrente. São os pequenos e incontáveis momentos – conjuntos de idéias e modos de conduta – que formam os hábitos paralisantes.

Em si mesmo, qualquer desses momentos pode parecer inofensivo. Que mal há em reduzir conscienciosamente suas porções de comida? Por que não evitar os carboidratos no café da manhã e no almoço? Qual o prejuízo em seguir uma agenda de exercícios, aconteça o que acontecer? Isoladamente, qualquer um desses comportamentos chega a parecer não só inofensivo, mas também inteligente e bem-escolhido – isto é, se você concluir que de fato o escolheu. Os anéis mais insidiosos da cadeia são aqueles que se tornaram hábitos há tanto tempo que deixamos de prestar atenção a eles durante anos.

Podemos realizar uma mudança real e duradoura se atentarmos para os nossos hábitos alimentares inconscientes. A atenção ajuda-nos a perceber que o jogo das dietas é apenas isto: uma ilusão, na melhor das hipóteses. Nada tem a ver com a felicidade concreta e perene.

Quando você descobre o que quer da vida e o que pode ser perigoso caso não lhe capte o significado real, sua perspectiva começa a mudar. Você passa a reconsiderar e a questionar tudo, colocando seus padrões de comportamento sob o facho da consciência. Se examinar sua conduta atual e observar seus padrões, aprenderá a reestruturá-los e a fazer escolhas em harmonia com suas intenções gerais na vida.

A essência do alimento

Ao longo do livro, examinamos a *sua* essência – o seu *dharma* ou objetivo pessoal. Toda criatura tem um objetivo próprio, o caráter que define sua essência enquanto pessoa.

A filosofia oriental leva a crença na natureza individual um passo à frente ao reconhecer que *tudo* tem uma essência – um caráter único – que distingue uma coisa de outra. Na tradição indiana, esse princípio é chamado de *rasa*. *Rasa* representa o elemento imutável no centro de qualquer forma de vida.

O conceito de *rasa* é muito rico, com uma infinidade de acepções em diversos níveis. No nível exterior, significa "gosto". Mais sutilmente, definimo-lo como o sumo de um objeto qualquer, sua medula ou seiva. No nível esotérico, concebe-se *rasa* como a essência de um objeto, a parte melhor, mais apurada ou excelente de uma entidade. No caso do alimento e de todos os seres vivos, trata-se da qualidade que define e identifica a natureza fundamental.

Também se usa *rasa* para explicar que as coisas são moldadas pelas circunstâncias únicas de sua experiência. Uma maçã, por exemplo, possui estas características definidoras: forma, pele, polpa, doçura e suculência. Entretanto, uma maçã é diferente de outra devido a fatores circunstanciais como clima, posição na árvore, época de colheita, etc.

Cultivando a capacidade de perceber o *rasa* dos alimentos, podemos descobrir nosso próprio caminho individual e equilibrado para o ato de comer. Em nossa experiência alimentar cotidiana, porém, quase todos nos detemos no nível mais superficial, que consiste em nomear o sabor conhecido de um alimento: o bolo de chocolate é doce, a batata frita é salgada, o alho é picante. Se quisermos encontrar o verdadeiro *rasa* naquilo que comemos, devemos abandonar o nível superficial dos sabores e texturas para descer à quintessência.

Se ficarmos no nível exterior do alimento, reduzi-lo-emos a um conceito tão vulgar que melhor seria ignorá-lo. Tornamo-nos inconscientes e a experiência da comida imediatamente se transforma num chavão: "Reconheço este gosto, é a doçura do bolo de chocolate". Mastigamos de modo mecânico, indiferentes às grandes profundidades de *rasa* que aquele bocado particular tem a nos oferecer naquele dia especial.

Quando captamos o *rasa* de um alimento, experimentamos as complexidades da essência da doçura, a natureza da adstringência ou o ser último da acidez. Desse modo conseguimos, pessoal e intimamente, entrar em contato com o sumo, a medula, a excelência de qualquer alimento tal qual se nos apresenta na ocasião.

As práticas alimentares facultam-nos as experiências de degustação do *rasa*. Isso significa apreciar as características individuais daquilo que ingerimos, bem como aprender a conservar a consciência e a presença ao longo do ato de comer.

PRÁTICA: COMO DEGUSTAR O RASA

Todos nós somos especialistas nos alimentos que apreciamos ou detestamos. Sabemos exatamente o que é o alcaçuz, o que esperar de um copo de limonada e quanto tempo se leva para devorar determinado doce. No entanto, quantas vezes nós realmente saboreamos a essência do alimento que nos é apresentado?

Recorrendo à sua vivência pessoal e à articulação de todos os seus sentidos, você poderá absorver a essência de um alimento e, assim, ter uma experiência plena:

1. Reserve cerca de vinte minutos, durante os quais não vá ser interrompida. Comece a prática numa hora em que esteja com fome, mas não esfomeada.
2. Escolha três alimentos favoritos. Se possível, dos que não exigem preparação e podem ser comidos com as mãos (uma fruta, um pedaço de queijo ou um biscoito, por exemplo). Coloque os alimentos na mesa, à sua frente. Feche os olhos e esvazie a mente.
3. Abra os olhos e observe cuidadosamente os alimentos, um por um, reparando em sua aparência. Faça então uma escolha: apanhe o alimento que deseja comer.
4. No momento em que seus dedos tocarem o bocado, amplie sua percepção para incluir o sentido do tato. Atente para a sensação física que o alimento provoca em seus dedos: textura, consistência, temperatura, etc.
5. Aproxime o alimento da boca e prepare-se para mordê-lo. Talvez, nesse momento, detecte uma mudança de temperatura à volta dos lábios. Acione o sentido do olfato, prestando atenção ao aroma mais sutil que atingir suas narinas. Observe também que o aroma pode ser influenciado pela temperatura ou umidade do alimento, como também misturar-se a outros do ambiente.
6. Abocanhe um pedaço do alimento. Note a variedade de sons produzidos pelo ato de mastigar. Esses sons são crocantes, macios, rítmicos, pastosos ou secos? Observe que tudo isso acontece – as sensações visuais, táteis, olfativas e auditivas – antes mesmo de você degustar o alimento.
7. Ative agora o sentido do paladar. Os sabores são ácidos, doces, salgados, picantes ou aromáticos? Você percebe mais de

um sabor ao mesmo tempo ou um deles predomina e depois cede lugar a outro?

Reflexão: A prática acima mostra que aprender a saborear e apreciar o *rasa* de um alimento é uma arte complexa. Dá-nos uma idéia de como funcionam os nossos sentidos físicos. Em geral, apressamo-nos a concluir que gostamos ou não de uma coisa por causa de seu sabor. Essa prática, contudo, revela que um alimento agrada ou desagrada com base no concurso de todos os cinco sentidos. Ela também cria um formato que nos capacita a ficar mais conscientes enquanto comemos.

Como saborear o rasa

Você descobrirá que, se fizer um esforço para captar o *rasa* de um alimento, achará cada vez mais difícil comer automaticamente – engolir às pressas, devorar, empanturrar-se ou qualquer outro modo inconsciente de comer. Quando você saboreia as complexidades do alimento, a experiência de comer torna-se mais vívida.

A suculência de um pêssego, por exemplo, consiste na verdade de uma mistura complexa de várias partes: umidade, viscosidade, doçura e acidez, que contribuem, todas elas, para sua "pesseguidade". Você também começará a notar que os sabores e as qualidades dos alimentos apresentam um componente temporal – alguns brotam à primeira mordida, outros se manifestam mais tarde e alguns subsistem depois que o gosto inicial se dissipou.

Reparando atentamente no emaranhado de elementos constituintes daquilo que ingere, você consegue experimentar níveis mais sutis da essência do alimento. Graças a essa percepção aguçada, começará a reconhecer o que, de fato, mais a atrai num alimento. Ao sentir o apelo da fome, conseguirá avaliar se determinado alimento é a melhor escolha para obter uma satisfação equilibrada.

Você poderá recorrer ao exercício acima para captar realmente o *rasa* de um alimento e, assim, romper com hábitos alimentares destrutivos. Por exemplo, se estiver comendo seu doce favorito com a intenção de permanecer consciente e captar-lhe o *rasa*, a experiência de percepção do alimento poderá surpreendê-la. Talvez descubra que o açúcar refinado, os óleos hidrogenados, as cores e os sabores artificiais do doce – para não mencionar uma série de conservantes com nomes difíceis de pronunciar – não parecem tão sedutores afinal de contas. Observando o *rasa* e sua experiência pessoal, possivelmente concluirá por si mesma que uma bonita, suculenta e madura maçã fresca proporciona mais alegria e contentamento que a maioria das guloseimas "pecaminosas" que povoam sua fantasia mais desbragada.

A parte de você que se acha desperta e viva, portanto vulnerável à exposição, pode sentir-se acossada por alimentos que outrora apreciava: pratos muito condimentados, com ingredientes refinados e artificiais, substâncias químicas e conservantes. Por outro lado, um pedaço de fruta antes insípida torna-se bem mais interessante e atraente do que você jamais imaginou.

Práticas simples para o cotidiano

Já é tempo de levar a busca da essência para o terreno do nosso dia-a-dia. O que é mais nutritivo para as pessoas é assunto absolutamente individual. Algumas parecem dar-se bem com uma taxa elevada de proteínas, enquanto outras se satisfazem com uma dieta rica em carboidratos. Há quem se contente com pequenas rações diárias e há quem devore três refeições pesadas, desprezando os petiscos. O vegetarianismo faz muita gente sentir-se forte e vibrante, enquanto certas pessoas se sentem debilitadas e abatidas sem carne na dieta.

Para complicar ainda mais as coisas, o que era perfeitamente adequado e nutritivo para nós a certa altura da vida torna-se o alimento errado em outra. Eis por que é essencial ter contato com o alimento em seu nível mais profundo – por meio do *rasa.* Quando você se conscientiza do modo pelo qual o *rasa* de um alimento interage com o seu próprio *rasa*, consegue determinar o que lhe convém a qualquer tempo. Se quisermos nos desvencilhar da velha mentalidade dietética de uma vez por todas, teremos de confiar em nossa capacidade de encontrar equilíbrio nos alimentos que ingerimos.

Entretanto, concretizar essa prática no mundo real constitui um verdadeiro desafio. Na vida cotidiana, deparamos freqüentemente com escolhas que podem nos libertar ou imobilizar. Muitas pessoas renunciam a fazer escolhas e seguem uma dieta preestabelecida, que escolhe por elas.

Abandonar a segurança oferecida pelas dietas e confiar nos próprios instintos pode parecer aterrorizante. Se você dependeu, durante anos, desta ou daquela fórmula, talvez se pergunte: "Se eu não seguir uma dieta, que *farei*?" Achará então que, sem o amparo de regras dietéticas, encontra-se à beira de um abismo, pronta a despencar nas profundezas.

As "Práticas Simples" que se seguem poderão servir-lhe de adestramento. Graças ao planejamento prático, você será capaz de descobrir em si mesma a força e o rumo para encontrar o caminho do equilíbrio.

Sua tarefa consiste agora em reconhecer, de dentro para fora, exatamente o que, quando e quanto precisa comer para satisfazer-se e ser feliz. Quando aprender a apreciar a essência dos alimentos e a aplicar a consciência a todos os aspectos de sua vida, começará a confiar em si mesma.

PRÁTICA SIMPLES: DAR GRAÇAS

Um modo eficaz de permanecer consciente e firme enquanto se come é o velho costume de dar graças antes de uma refeição. A expressão de gratidão pela comida que se ingere tem sido comum em inúmeras culturas ao longo da história. Dar graças ajuda-nos a reconhecer a sorte de termos algo para comer e a sentirmo-nos gratos pela sua sustância. Esse ato implica que dispor do suficiente para comer não são favas contadas. E é também uma oportunidade para determinar nosso lugar no ciclo da existência, reconhecendo que tanto nós quanto o alimento somos formas de vida, partes de um todo maior.

Dar graças não pressupõe conotações religiosas. Trata-se antes de atribuir nosso mais profundo senso de significação ao ato de comer. Sem o alimento morremos; e para viver uma vida profícua, precisamos ao mesmo tempo de alimento e objetivo. Dar graças confirma essas duas grandes verdades. Ajuda-nos a, ativamente, firmar a intenção de permanecer plenamente conscientes durante o ato de comer.

1. Clareie a mente por um instante. Com os olhos cerrados, dê-se conta de todas as sensações físicas, emoções e pensamentos que lhe ocorrem.
2. A seguir, abra os olhos e coma visualmente. Tente se conscientizar das qualidades e da presença do alimento. Reconheça que ele tem vida – vida que agora você irá absorver para continuar vivendo. Procure sentir-se grata, não importa o que isso signifique para você pessoalmente.
3. Se houver uma prece, cântico ou frase que goste de proferir antes da refeição, faça-o. Se não conhecer as palavras de praxe, invente as suas próprias. Essa expressão precisa ser apenas uma mostra sincera de sua gratidão.
4. Dê graças em voz alta. Se isso a desagradar, faça-o em silêncio. No entanto, dizer as palavras em voz alta pode dar mais intensidade à experiência. Quando terminar, examine por um momento a conexão entre você e a comida que vai ingerir. Comece então a comer e bom apetite.

Reflexão: Dar graças ajuda-nos a trazer o senso de objetivo pessoal, bem como a percepção do quadro mais vasto da vida, para o proscênio de nossa mente, quando nos sentamos à mesa. Também nos ajuda a ter mais consciência e percepção do ato concreto de comer, pois o dotamos de um conteúdo. Se reservarmos um minuto para dar graças antes de uma refeição, comer poderá tornar-se um exercício de significação.

PRÁTICA SIMPLES: PLANEJAMENTO FLEXÍVEL

O planejamento pode ser ao mesmo tempo agradável e penoso, se quisermos abandonar o método convencional de comer por outro mais intuitivo. De um lado, ele é essencial. Ajuda-nos a descobrir o que queremos comer e a determinar se de fato temos à mão os alimentos necessários, além de nos dar a oportunidade de esboçar uma abordagem equilibrada ao alimento que pareça melhor para *nós*.

Por outro lado, o planejamento pode tornar-se problemático se você for muito intransigente, aferrando-se a um método quer ele pareça adequado ou não na hora de comer. Sucede às vezes, também, que a pessoa utilize o plano como mais uma dieta que a afasta de sua experiência concreta.

Um subproduto natural de qualquer plano estruturado é a tentadora possibilidade do embuste. Por exemplo, se você seguir uma dieta que apresente uma brecha para a burla, fantasiará que poderá comer um bolo inteiro e ainda assim perder cinco quilos por semana! O joguinho consiste no fato de que enganamos a nós mesmas supondo poder remediar tudo mais tarde.

O autoludíbrio começa, tipicamente, como uma tentativa de compensar as necessidades incontroláveis provocadas pela privação. Mas, implícito nesse método de "planejamento", está a crença de que seus desejos e sua experiência devem ser ignorados.

O segredo do planejamento consiste, pois, em renunciar tanto ao autoludíbrio quanto ao jogo segundo as regras. Planejar é a arte de recorrer à sensibilidade interior para encontrar a harmonia. Quer se trate do projeto dietético, quer daquilo que você realmente come, tudo tem de se basear em seus indicadores internos de saúde e bem-estar. As sugestões seguintes vão ajudá-la a encontrar esse equilíbrio.

O que e quando comer: Você talvez ache conveniente planejar suas refeições com uma semana de antecedência. Ou um dia. Seja como for, uma idéia clara do que irá comer na próxima refeição é muito útil.

Planejar permite-lhe saber o que terá pela frente, sem precisar enfrentar o desconhecido. Se dispuser de um plano para a hora da refeição ou do lanche, não correrá o risco de fazer escolhas precipitadas.

O planejamento também torna as compras um jogo menos arriscado. Comprar costuma ser uma tarefa que apresenta uma série de tentações estressantes. Você poderá pilhar-se evitando certas gôndolas do supermercado que contêm alimentos "perigosos", dos quais nem sequer se arrisca a chegar perto com medo de que saltem das prateleiras para seu carrinho. Mas com um cardápio planejado e uma lista dos itens de que necessita, não é muito provável que acabe atulhando o carrinho com produtos supérfluos.

Finalmente, o planejamento representa uma grande economia de tempo na cozinha. Por exemplo, você poderá lavar mais verduras e legumes do que os necessários para uma refeição ou cozinhar uma porção dupla de arroz, sabendo que o resto será aproveitado amanhã.

Saber com antecedência o que irá preparar também ajudará você a calcular o tempo de que necessitará para isso. Assim, não se sentirá faminta antes da hora, tendo ainda de esperar muito tempo para que a comida esteja pronta.

Permaneça em contato com seu circuito de informação ao longo do processo de planejamento. Atente para suas sensações viscerais a fim de saber que alimentos lhe apetecem. Às vezes, o que cozinhou não a atrai. Não se aferre ao plano só porque é um plano. Ouvindo seu circuito de informação, saberá o que seu corpo quer e o que necessita.

Planeje uma refeição balanceada: Outro aspecto do planejamento é a elaboração de refeições balanceadas. A pergunta, naturalmente, é: "Mas o que vem a ser uma refeição balanceada?" Simples: uma refeição balanceada é aquela que propicia boa saúde. Mas certas complicações seguem-se imediatamente a essa declaração. Como saber se um alimento melhora ou piora nossa saúde?

Alguns especialistas afirmam que uma dieta rica em proteínas nos torna mais saudáveis; outros insistem em que uma elevada quantidade de carboidratos é que faz a mágica. Há métodos segundo os quais o tipo sanguíneo, o nível de atividade ou mesmo a compleição física devem determinar a dieta.

Afora esses, existem incontáveis meios sistematizados e externos de avaliar o que devemos ou não devemos comer. E o que confunde é que praticamente toda dieta tem ao menos uma semente de verdade. Sim, a proteína *faz* bem – o que não quer dizer necessariamente que um regime com alto teor de proteína seja a resposta para todos. Seguir qualquer dieta fará você se sentir bem no começo, após um período de alimentação inconsciente e desequilibrada. Quando começamos a prestar mais atenção ao que comemos e a combinar melhor os alimentos, experimentamos mudanças físicas benéficas... por algum tempo.

Sentindo-se saudável, você começa a acreditar que a tal dieta realmente oferece *a* solução mágica. Porém, quando o novo programa alimentar descamba para outra rotina inconsciente, ei-la em busca de uma solução nova!

O problema com qualquer dieta é comer sem prestar atenção. E o segredo para encontrar uma dieta equilibrada é permanecer consciente e levar em conta o circuito de informação. Siga essas regras básicas para elaborar seu próprio programa personalizado.

Em primeiro lugar, coma alimentos integrais, que sofram um mínimo de processamento. Isso significa produtos frescos, de preferência orgânicos (cultivados sem o uso de substâncias químicas, defensivos ou herbicidas). Convém ler os rótulos com cuidado, para saber exatamente o que está comendo. Evite os alimentos acondicionados ou os que contenham ingredientes e conservantes artificiais.

Criar equilíbrio significa incluir alguma proteína, um pouco de carboidratos e uma pequena quantidade de gorduras em cada refeição. O modo de balancear esses três nutrientes depende de seu sistema diário. E, é claro, você deverá saber quais os alimentos ricos em proteína, carboidratos e gorduras.

Ao considerar o equilíbrio, inclua bebidas no planejamento. É importantíssimo beber boa quantidade de água todos os dias.

A fim de avaliar rapidamente um alimento, tendo em mira o equilíbrio, faça a si mesma as seguintes perguntas:

1. Há pelo menos uma fonte de proteína, carboidratos e gorduras?
2. O prato é atraente, com boa combinação de cores e formas? (A presença de alimentos de várias cores em geral assegura um leque mais amplo de nutrientes.)

3. As texturas dos alimentos misturam-se e complementam-se entre si?

4. Os temperos e os aromas se reforçam em vez de se anular um ao outro?

Você percebe quando está ingerindo alimentos balanceados, próprios para a sua constituição. Não tem a sensação de locupletação, embora já não sinta fome; não se sente entorpecida nem agitada. Dorme bem, tem boa digestão, seus cabelos e sua pele apresentam aspecto saudável. Você quase nunca tem dores de cabeça, resfriados ou fadiga. Quando você consome uma dieta equilibrada, simplesmente goza de saúde.

Sem dúvida, muitos outros fatores contribuem para essa sensação geral de equilíbrio, inclusive sono, exercício e vigilância sobre os demais aspectos de sua vida. A dieta, porém, é fundamental para a manutenção da saúde.

Quem vai cozinhar?: Talvez o maior obstáculo ao consumo de alimentos saudáveis seja o fato de alguém ter de prepará-los. No ritmo da vida moderna, cozinhar como nossas avós cozinhavam – durante horas, fazendo pão e toda espécie de receitas – está ficando cada vez menos exeqüível. Em muitos casos, nem é desejável. Uma vez que a cozinha exige muito tempo, por que não recorrer ao que temos tão à mão quanto o aparelho telefônico? Pratos com preços razoáveis acham-se facilmente disponíveis em restaurantes, supermercados, lanchonetes. E às vezes parecem tão práticos e baratos quanto os que preparamos.

Todavia, a grande preocupação quando não fazemos nossa própria comida é que *nunca* sabemos exatamente o que ela contém. Quando você mesma cozinha, conhece a qualidade e o *rasa* dos ingredientes que utiliza. Começa realmente a apreciar o gosto de um tomate fresquinho e maduro ou a observar com gosto a transformação do arroz na panela, à medida que cozinha.

Quando você prepara o que come e presta atenção ao ato de preparar, aproveita melhor o alimento. Quando cozinha com intenção e consciência, o alimento ganha vida em suas mãos. Você modela os ingredientes, trabalha-os, encoraja-os, tempera-os. Aprende a aguçar seu sabor e deleita-se com os aromas, as texturas que oferecem enquanto são preparados.

A fim de tornar a culinária uma parte agradável de seu relacionamento com a comida, siga estas linhas básicas de planejamento:

1. Reserve tempo suficiente para cozinhar, de modo a não se sentir apressada na hora de comer.
2. Elabore as receitas por etapas. Descubra os passos que podem ser dados com horas ou mesmo dias de antecedência, como misturar ingredientes para um pão rápido, deixar carnes marinando ou lavar legumes e verduras.
3. Tenha os ingredientes sempre à mão ao começar a cozinhar. Disponha-os sobre o balcão ou a mesa para concentrar-se inteira no ato de cozinhar e não perder tempo procurando aquilo de que precisa.
4. Tenha também à mão os utensílios necessários. Com isso sua cozinha ficará mais bem-organizada e você logo encontrará o que procura.
5. Vá lavando à medida que cozinha. Lavar alguns pratos ou limpar a mesa entre as etapas evitará uma pia cheia ao final do preparo da refeição.

Inclua o exercício em seu plano: Assim como você precisa comer, dormir e estimular a mente todos os dias, deveria praticar também exercícios diariamente. Referimo-nos aqui a qualquer tipo de ginástica aeróbica que mantenha o sangue circulando, os músculos em forma e o coração trabalhando. Você talvez aprecie caminhar, andar de bicicleta, correr, praticar um esporte ou "malhar" na academia. Há possibilidades infinitas para o exercício; o único problema é achar tempo – ou planejá-lo. Tal qual se dá com a alimentação, você precisará agendar o exercício todos os dias.

Como parte de sua busca de equilíbrio, convém eliminar a mentalidade do "sem dor, sem ganho", dominante em nossa sociedade. Será muito melhor descobrir uma atividade que realmente lhe dê prazer, para não pensar mais que "exercício *é* sofrimento". A alimentação consciente ajuda a manter as pessoas equilibradas; dá-se o mesmo com a atenção meticulosa a como, quando e quanto nos exercitamos. Quando você se exercita conscientemente, sua intenção final é dar equilíbrio e bem-estar ao seu organismo.

O que você está comendo agora?

Todo dia e a qualquer instante você pode estabelecer um relacionamento inteiramente novo com a comida. A fórmula secreta para operar uma mudança radical é bastante simples: se você se tornar mais e mais consciente à mesa, sem dúvida alterará a dieta e conquistará naturalmente o equilíbrio.

Essas são palavras fáceis de dizer. Aprender a pô-las em prática é o que se propõem as recomendações contidas no presente livro. Ah, se tudo fosse tão fácil quanto pronunciar a frase: "Sim, sim, faz sentido, de agora em diante vou me tornar mais consciente e não haverá mais problemas"!

Mas, como você notou no caso das práticas mente/corpo e alimentares, estar presente é coisa muito difícil. A princípio, talvez descubra que só consegue manter um fragmento de consciência. O esforço, como um todo, parece não valer a pena. Entretanto, se persistir nas práticas, elas poderão mudar e mudarão mesmo sua vida. Você não modificará o regime alimentar por obrigação ou por recomendação alheia. A mudança ocorrerá naturalmente. Dado que se preocupa em harmonizar-se com seu senso interior de equilíbrio, achará agradável ser orientada por seus próprios instintos. Você vai querer se tornar mais e mais consciente porque é bom despertar para aquilo de que necessita no nível profundo.

Conseqüentemente, essas práticas alimentares nada têm a ver com força de vontade ou privação; almejam apenas concretizar suas motivações íntimas para a realização. Estar consciente significa assumir a responsabilidade por aquilo que se é e por aquilo de que se necessita.

Aprender a mudar o relacionamento com a comida e o corpo leva tempo. Em nossa cultura do prato rápido, queremos a salvação hoje mesmo ou, no máximo, amanhã de manhã. Mas se você for uma veterana das mais recentes dietas espetaculares, saberá que "rápido" e "duradouro" não combinam. Para efetuar uma mudança duradoura, terá de começar agora.

Assim, ao acordar amanhã, seu corpo parecerá mais ou menos igual, suas roupas lhe servirão como sempre e você enfrentará o mesmo ambiente e a mesma cultura. A diferença estará dentro de você, pois deixará de enxergar pelos olhos da ilusão. Verá as coisas como de fato são, aqui e agora. E assim continuará a fazer: verá as coisas como são a qualquer tempo.

Quando não se comportar mais como cega em relação a seus próprios hábitos e atitudes, quando despertar para os aspectos vibrantes do que come e da vida que leva, terá já operado a mudança. Terá descoberto ferramentas confiáveis e aguçadas que sempre a ajudarão a reconhecer aquilo de que realmente tem fome.

NOVE

A escolha consciente

Toda garota pode ser encantadora: basta ficar calada e parecer estúpida.

– Hedy Lamarr, atriz (outrora considerada "A Mulher mais Bonita do Mundo")

Bela como uma pintura

Toda mulher é incrivelmente magra, eternamente jovem e sobrenaturalmente bonita. Pelo menos, é assim que as mulheres parecem nas revistas, filmes e programas de TV. Quando contemplamos essas imagens do ideal feminino inatingível, recebemos a mensagem de impacto: "Beleza a qualquer custo".

Não há com que se preocupar – se você não for naturalmente dotada com a formosura de uma supermodelo, a moderna sociedade oferece inúmeras opções para imitá-la: cirurgias de nariz, silicone para aumentar os seios, bronzeamento artificial, lipoaspiração, cremes anti-rugas e o recurso preferido de todas, a fome.

Bem escondido no fundo do nosso coração pode estar o eco da constatação de que a beleza é superficial; mas, ainda assim, continuamos a acreditar que devemos, de algum modo, atender aos padrões de beleza de nossa cultura. Como as feiosas meio-irmãs de Cinderela, que tentavam em vão enfiar os grandes pés no sapatinho de cristal, insistimos em modelar o corpo para enquadrá-lo numa noção forçada das aparências.

Como mulheres, enfrentamos um paradoxo específico: de que modo parecer bonitas tais quais somos e mesmo assim tentar modelar-nos segundo aqueles padrões fugidios? Desde o tempo em que éramos pequeninas, somos doutrinadas por frases como "Bela como uma pintura" e "Ser bonita exige esforço". Assim, internalizamos o mantra "Beleza a qualquer custo".

Raras vezes conseguimos coordenar o que consideramos uma apresentação aceitável de cabelos, compleição e peso. Por um instante, parecemos na iminência de "vencer" o jogo da beleza. Mas mesmo então, quando estamos mais perto do êxito, pode ocorrer-nos que alguma coisa ainda falta. Em que ponto nossa própria beleza interior, a verdade daquilo que somos, entra nesse quadro? Por fim, talvez comecemos a nos perguntar o que a beleza realmente é e o que estamos procurando.

A visão da beleza espetacular tem sempre impressionado e desapontado a humanidade. O canto de sereia da beleza nos atrai, mas fica eternamente fora de nosso alcance. Tal como acontece a muitas de nossas mais sutis ilusões, logo que imaginamos compreender a beleza, captá-la e preservá-la... ela se dissipa. Por quê?

Porque a beleza não é uma idéia nem um padrão, mas um modo de ser. Ela *está* no olho do observador. O que torna bonitos uma pessoa, uma palavra, uma flor ou um prato de comida não passa de reação individual perfeitamente quantificável. A beleza se revela num átimo, quando percebemos um objeto ou conceito como atraentes. O porquê de acharmos algo cativante ou repulsivo, bonito ou feio, delicioso ou repugnante diz respeito à nossa estética particular, ao nosso gosto pessoal. A palavra "estética" é definida como "atitude de apreciação ou responsabilidade com respeito ao belo". A fim de compreender seu próprio senso estético, as mulheres devem descobrir como percebem a beleza (sobretudo a delas mesmas). O senso estético é absolutamente pessoal, algo que desenvolvemos e alimentamos no íntimo. Temos de aprender a explorar como a beleza se apresenta para *nós* e confiar nessa apreciação. Depois, poderemos aperfeiçoar o senso estético interior e desenvolver uma expressão pessoal da beleza capaz de refletir aquilo que de fato somos.

No caso de mulheres às voltas com o conflito do alimento e do corpo, expressar a beleza costuma ser muito problemático. Nós vamos de um extremo a outro. Ou fazemos de tudo para vencer o jogo da beleza, aceitando as mortificações da carne que achamos necessárias, ou "mandamos as aparências para o inferno" a fim de evitar a armadilha preparada para as mulheres numa sociedade patriarcal.

Combater o desejo genuíno de ser atraente não é mais satisfatório que tentar modelar a aparência por padrões externos. A vontade de parecer bonita é, na mulher, natural e saudável. O essencial resume-se em determinar, para nós mesmas, o que *achamos* esteticamente aprazível. Desenvolvendo e consolidando nosso padrão interior de beleza, conseguimos exprimir honestamente a beleza do que *somos*, não do que *gostaríamos* de ser.

Aprimore sua própria estética alimentar

Precisamos também recorrer à nossa estética quando se trata de escolher os alimentos. Essa estética determina os pratos que nos atraem e os que nos repugnam. No caso dos alimentos, o senso estético vai muito além dos sabores. Ele se baseia em todos os sentidos físicos, bem como nas impressões mentais e emocionais. Mesmo antes de darmos a primeira mordida, já nos sentimos fortemente atraídos por aquela "delícia" ou revoltados contra aquela "porcaria".

Entretanto, quando prestamos atenção ativa à nossa sensibilidade estética, essa atração ou repulsão provém da conexão íntima com a qualidade inata – o *rasa* – do alimento. Portanto, a estética é muito mais que a mera preferência ou gosto. O sábio indiano Abhinavagupta julgava a estética uma qualidade inata que desabrocha dentro de nós como a semente adormecida na terra, logo que descobre a verdade e a beleza, e assim brota para a vida.

Esse desabrochar é o sentimento íntimo que nos revela a presença da verdadeira beleza. Acontece quando nossa sensibilidade entranhada se harmoniza com o *rasa*. É fonte de grande prazer. Pode ocorrer quando trincamos uma maçã perfeitamente madura, contemplamos um belo quadro, ouvimos música ou admiramos a natureza.

Todavia, esse instante abençoado constitui apenas um aspecto da experiência estética. Igualmente importante é a função da estética na avaliação crítica dos alimentos certos ou errados para nós em dado momento. A estética ajuda-nos a sopesar todas as nossas impressões do alimento (sua aparência, seu atrativo, nossa aceitação intelectual dele) segundo a sensibilidade íntima, de modo a usarmos as faculdades críticas para escolher a comida adequada.

Porém, quando rompemos ou ignoramos a conexão com nossa estética, o alimento deixa de satisfazer-nos plenamente. Podemos encher a barriga e até nos empanturrarmos; ou então privarmo-nos de nutrição para atender a algum padrão exterior de beleza. Sem o vínculo com a estética, estaremos literalmente morrendo de fome em troca de uma boa aparência, em qualquer dos casos.

Para a maioria de nós, a estética não ocupa o centro da nossa mente em circunstâncias corriqueiras, particularmente quando estamos comendo. Na melhor das hipóteses, podemos reparar no arranjo harmonioso dos alimentos no prato ou no ambiente agradável de um restaurante. Normalmente, porém, ocupamo-nos tanto em contar calorias e gramas de gordura, temendo o bolo e adotando os cereais, que rompemos por completo a conexão estética. Obedecer a hábitos inconscientes e perder o contato ativo com o *rasa* do alimento é o oposto da experiência estética.

Se começarmos a observar melhor, descobriremos os detalhes que constituem a experiência estética de qualquer refeição: o conforto do ambiente; os sabores, aromas e apresentação visual do prato; o que sentimos no momento; as pessoas que nos fazem companhia. Quando nos conectamos à estética, o prato cobra vida e satisfaz-nos num nível bem mais profundo. Empregar a sensibilidade estética a fim de fazer as escolhas certas para *nós* é a verdadeira "fórmula mágica" que procuramos há anos. Basta aprender a invocá-la e aplicar o senso estético para avaliar o que e quando comer.

PRÁTICA: COMO VER AS COISAS DE UM MODO NOVO

Repare como você encara de forma diferente os alimentos com que está familiarizada e os que nunca comeu. Quando está diante de um prato conhecido ou do qual faz alguma idéia – "gostoso, bom para engordar, dietético, pecaminoso" – tende a comer segundo um hábito. Como pensa que conhece aquele alimento, não atina com o seu *rasa*. Todavia, quando experimenta uma comida nova, tem poucos preconceitos com relação a ela. Está pronta a avaliá-la nos termos de sua própria estética alimentar.

O exercício seguinte ajudará você a identificar os modos pelos quais costuma relacionar-se habitualmente com o alimento e lhe permitirá descobrir sua própria estética.

1. Reserve cerca de vinte minutos durante os quais não vá ser interrompida. Comece a prática numa hora em que estiver com fome, mas não faminta.
2. Selecione dois alimentos: um que nunca comeu antes e outro que consome freqüentemente. Prepare pequenas porções de cada qual, no máximo três ou quatro bocados.
3. Coloque o alimento conhecido à sua frente. Feche os olhos e clareie a mente.
4. Abra os olhos e observe o alimento, sem tocá-lo. No diário, registre algumas declarações que descrevam sua percepção do alimento. Registre também o modo como reage a ele física, emocional e mentalmente. Por exemplo: sente-se atraída por sua aparência e odor? Está salivando? Que espera de sua degustação?

5. Agora apanhe o alimento e coma-o. Ao terminar, anote até que ponto esteve atenta ao processo todo. As sensações, pensamentos e sentimentos corresponderam às suas expectativas? Os sabores e outras sensações físicas mudaram de um bocado para o outro? Descobriu no alimento em si alguma coisa diferente do que esperava?
6. Aguarde até limpar o palato. Poderá beber água ou levantar-se e estirar os membros, antes de continuar o exercício.
7. Quando estiver pronta, coloque à sua frente o alimento desconhecido. Feche os olhos e clareie a mente.
8. Abra os olhos e observe bem o alimento, sem tocá-lo. O que, de início, mais lhe chama a atenção? Que aspecto ou aroma a atrai ou desgosta? Que pensa ou espera do alimento?
9. Registre no diário sua percepção do alimento, enquanto se prepara para ingeri-lo – o aspecto, o aroma e, também, seu estado mental e emocional. Está curiosa quanto a alguma característica do alimento, antecipando uma experiência particular de gosto e sentindo-se inclinada a comê-lo?
10. Agora apanhe o alimento. Ao mastigar o primeiro bocado, concentre-se nos diversos aspectos sutis da experiência de comer. Atente para sua consistência, para o que está sentindo e pensando ao levá-lo à boca. Repare na quantidade ingerida no primeiro bocado: um grande naco ou apenas uma mordiscadela? Para onde desloca o alimento na boca, enquanto sua língua explora os sabores pela primeira vez? Prossiga lentamente no processo de experimentar o alimento, a fim de captar bem os sentimentos e percepções.
11. Agora ingira um segundo bocado. Suas atitudes e percepções se alteraram de algum modo depois do primeiro? O

gosto, o aroma e a textura são os mesmos? Anote suas reações físicas, emocionais e mentais ao alimento.

Reflexão: Esse exercício ajudará você a libertar-se de hábitos alimentares inconscientes. De futuro, quando se descobrir contemplando um alimento de maneira habitual ou comendo sem atenção, poderá lembrar-se de como é ingerir alguma coisa pela primeira vez. Agora você já sabe em que consiste não ter nenhuma expectativa com relação a determinado alimento e já consegue perceber plenamente o *rasa* desse alimento.

Quando ingerimos alimentos novos, temos tipicamente mais perguntas que respostas. Dado que não sabemos o que esperar, capacitamo-nos a descobrir se achamos um alimento esteticamente agradável ou não.

Você pode lidar da mesma maneira com os alimentos conhecidos, suspendendo as expectativas graças ao uso da atenção. Na realidade, a experiência com qualquer alimento nunca é a mesma duas vezes. Até um prato com o qual se julga plenamente familiarizada varia de bocado a bocado. O modo como saboreará esses bocados dependerá também do que se passar enquanto estiver comendo – suas emoções, seus pensamentos e suas sensações físicas da hora. Só lhe será possível, no entanto, experimentar essas diferenças sutis com um prato conhecido, e ativar por completo o senso estético, quando empenhar toda a sua atenção.

O apelo da fome

Como seres humanos, somos suscetíveis de ansiar por inúmeras coisas que podem provocar um comportamento vicioso ou perturbado, inclusive drogas, álcool e sede de poder. O desejo de alimentos pode gerar atitudes igualmente destrutivas, mas a diferença é que eles são algo de que precisamos para viver.

A fome é a resposta primordial à falta de alimento. Até comermos, o corpo vai dando sinais cada vez mais eloqüentes de que estamos famintos. Contudo, mulheres às voltas com o conflito do corpo e do alimento raramente sabem o que é estar verdadeiramente com fome.

Não comemos quando estamos famintas por temer que nosso apetite voraz fuja ao controle. Ou então comemos sem fome porque nos sentimos entediadas, deprimidas ou ansiosas. Quando comemos dessa maneira habitual, perdemos a capacidade de reconhecer se de fato temos fome ou não. Não confiamos em nós mesmas para avaliar nossa própria fome.

Como a fome é uma necessidade urgente, não conseguimos ignorá-la por muito tempo. Podemos negá-la, recusar-lhe submissão ou cerrar os maxilares num espetáculo virtuosístico de força de vontade. A fome, porém, continuará a nos afetar nos níveis mais profundos. Ela nos torna fracas, desequilibradas, confusas, doloridas. Embora possamos adiar o ato de comer o máximo possível, a fome nos vencerá.

Em algum ponto entre definhar para emagrecer e comer demais para reconfortar-se está a capacidade de identificar a fome verdadeira.

A fome de seu corpo

Mas então, como você sabe que está com fome? Quando seu estômago começa a roncar ou sua boca a salivar à lembrança de uma *pizza*? Isso acontece porque está na hora da refeição e há um delicioso cheiro de cebola na frigideira? Ou porque são cinco e meia da tarde e você janta às cinco e meia da tarde? Não será acaso porque brigou com seu marido e de repente sentiu vontade de devorar batatas fritas?

Às vezes é difícil reconhecer a fome. Seus sintomas físicos costumam ser sutis. Podemos sentir cansaço, rigidez na mandíbula ou uma leve dor de cabeça; mas nem sempre nos ocorre que esses são sinais de fome. Desde tenra idade somos instruídas a controlar o apetite. Em criança, devemos comer nas horas certas e não quando temos fome. Advertem-nos de que, se beliscarmos, "perderemos o apetite". E é isso mesmo o que acabamos fazendo: aprendemos a comer segundo um regulamento, em vez de ceder ao apetite verdadeiro, que é a nossa fome.

Também as emoções podem tornar difícil saber quando estamos com fome. O *stress*, a tristeza ou o medo produzem sensações físicas quase idênticas aos genuínos sinais de fome emitidos por nosso corpo. Por exemplo, o aperto na garganta freqüentemente indica *stress* emocional ou fome física. "Roncos" na barriga lembram um estômago faminto. Esses estados emocionais podem induzir-nos a comer quando não precisamos de comida. Se confundimos fome física com fome emocional, a alimentação se torna um hábito destrutivo.

Os indícios físicos da fome também costumam ser mal-interpretados quando superpomos associações e lembranças ao alimento. Podemos associar o amor por nossa avó com o reconfortante aroma da canja de galinha. Ou então lembrar quão romântico foi, em Paris, degustar um *croissant*. Agora, comendo de novo esses alimentos, esperamos que nos tragam de volta um momento feliz.

Por todas essas razões, a tarefa de saber se estamos mesmo com fome pode constituir um desafio. Mas, até conseguirmos reconhecer perfeitamente os sinais físicos da fome e responder-lhes de modo adequado, não lograremos solucionar o conflito do alimento e do corpo.

PRÁTICA: ESTRATÉGIAS CONSCIENTES – FOME

As estratégias que se seguem irão ajudá-la a confiar em seus instintos e a saber quando está com fome. Em vez de recorrer a uma dieta ou a qualquer outra fórmula, recorra à sua experiência e vigilância para aprender a satisfazer o apetite.

Estratégia 1: aprenda a distinguir fome, hábitos e impulsos. Quando você sente uma pontada de fome, a coisa mais importante que tem a fazer é reconhecê-la. Diga apenas: "Estou com fome". Quando não estamos prestando atenção aos sinais de fome, podemos comer automaticamente tão logo nosso estômago começa a roncar. Ou então tentar ignorar esses sinais e calá-los. Não se apresse a nenhuma conclusão com respeito à sua fome – apenas tome consciência dela.

Um sinal de fome pode, de fato, significar que você está faminta. Mas pode significar também muitas outras coisas: que está entediada, triste, carente de motivação para o trabalho ou que é meio-dia e você sempre almoça ao meio-dia. Geralmente, separamos os sinais que nos induzem a comer em três categorias: fome, impulsos ou hábitos. A experiência pode ajudá-la a distingui-las.

Após identificar um sinal de fome, concentre-se na sensação. Ouça o que a informação tem a dizer-lhe. Feche os olhos, se isso a ajudar a enfocar todos os elementos que acompanham a mensagem. Estará esta aconselhando-a a comer biscoitos, pois sempre os come a caminho do trabalho? Ou proclamando "bolo" como num anúncio luminoso? Quem sabe você se sente tonta e descobre que está há sete horas em jejum? Se concluir que a mensagem para que coma não é um verdadeiro sinal de fome, então se trata de um impulso ou hábito. Consulte a prática "Estratégias conscientes: hábitos e impulsos" (p. 186), onde falaremos sobre o modo de combater os impulsos e os hábitos.

A fim de determinar os sinais físicos de fome genuína, você precisará consultar sempre a sua experiência. Notará sem dúvida uma série de sintomas físicos que indicam fome – um dia, certa secura na garganta, outro, uma sensação de vertigem. Mas, qualquer que seja o sintoma, você terá sempre uma clara indicação de que tem de comer quando sente fome. Nisso, poderá confiar. No fim, a mensagem simples e única "Estou com fome" se tornará indiscutível. Quando ouvir essa mensagem, saberá que está *mesmo* com fome. Distinguir a fome verdadeira dos impulsos e hábitos poderá erradicar o comportamento alimentar inconsciente antes que você seja arrastada por eles.

Estratégia 2: descubra aquilo de que tem fome. Depois de concluir que está realmente com fome, examine que tipo de alimento irá satisfazê-la. Comece fechando os olhos e auscultando sua fome. Pergunte-se: "De que tenho fome?" Poderá ter apenas um sentimento abstrato do tipo de alimento que deseja comer – algo cremoso, salgado, suave, aromático. Ou imaginar exatamente o alimento: uma banana, uma lasanha, etc.

Se tiver um sentimento abstrato, acione seus sentidos e imagine alguns alimentos diferentes que possam condizer com ele. Se nada lhe ocorrer de imediato, continue tentando para que o prato escolhido seja o certo.

Dê agora o próximo passo e imagine-se a comer o alimento. Parece que ele a satisfaz mesmo? Ou no começo lhe agrada, como a idéia da lasanha, mas logo você se contém ao achar que a quantidade de queijo e massa será muito pesada? Se for esse o caso, feche os olhos de novo e continue tentando identificar o alimento adequado à satisfação de sua fome.

Você poderá notar uma sensação de conflito se o alimento do qual imaginar ter fome for "pouco saudável" e "gorduroso". E talvez se sinta também em conflito se insistir para você mesma que o que realmente *deveria* lhe convir é um alimento "saudável" e "de baixas calorias". Em ambos os casos, estará ignorando aquilo de que de fato tem fome. Quando você não come o que seu corpo lhe manda comer, seu apetite não se satisfaz.

Entretanto, *ficará* satisfeita se comer de acordo com sua intuição. Ao mesmo tempo, encontrará o equilíbrio alimentar perfeito para seu corpo. Poderá recear que, comendo intuitivamente, exagerará e engordará demais. Mas, valendo-se da atenção e das estratégias alimentares conscientes, deixará de jogar às cegas com a comida. Uma vez consciente e orientada por um objetivo, aprenderá a ingerir os alimentos certos a fim de aplacar a fome. E se sentirá satisfeita.

Estratégia 3: você não precisa "limpar o prato". Depois de decidir o que comer, ouça sua experiência para determinar a quantidade de alimento que a satisfará. Quer apenas um petisco ou precisa de uma refeição? Refeição pequena ou generosa?

Muitas de nós temos o hábito de devorar o que está no prato apenas porque lá está. Diziam-nos, em criança: "Pense nos milhares de pessoas que morrem de fome por aí". Na época, talvez nos parecesse que comer além do necessário de fato não ajudava os pobres. Mas, como procurávamos obedientemente "limpar o prato", fomos adquirindo outro comportamento inconsciente.

Para muitas pessoas, a hora da refeição tem por objetivo limpar o prato, não importa o grau de fomc. Sc entramos num restaurante e servem-nos uma travessa transbordante, que daria para três pessoas, tratamos de esvaziá-la porque ela está ali. Nos bufês, então, o céu é o limite: podemos atulhar o prato indefinidamente. Em casa, comemos até limpar o prato; só assim sabemos que estamos satisfeitas.

Ora, a única avaliação acurada da fome provém de dentro de você, não do tamanho arbitrário de um prato. Qualquer porção medida de alimento – um prato, um saquinho, uma travessa – não é confiável para dizer-lhe quanto deve comer. Só *você* sabe a fome que sente e de quanto precisa para satisfazer-se. Antes de começar a comer, determine sua intenção: parar quando já tiver ingerido o bastante. E durante a refeição, detenha-se por alguns instantes a fim de auscultar periodicamente a sua experiência e perguntar-se: "Sinto-me fisicamente satisfeita?"

Não importa quanta comida tenha à sua frente, insista em ingerir apenas o necessário para sentir-se satisfeita. Isso talvez signifique consumir apenas metade do conteúdo do prato; ou quebrar o tabu e, como Oliver, pedir mais. Coma a quantidade certa agora, sinta-se satisfeita e evite cuidadosamente empanturrar-se mais tarde.

Estratégia 4: aprenda a saber quando já comeu o bastante. A chave para saber se já ingeriu o bastante é prestar atenção ativa às modificações que a fome vai sofrendo enquanto você come. Se, durante a refeição, estiver conversando, lendo jornal ou vendo TV, não prestará atenção à fome. Poderá mesmo prosseguir até ter de repente a sensação: "Meu Deus, exagerei. Vou explodir!"

Como passou do estado de fome ao de comer demais? O elo perdido é a sua consciência. Quando devora inconscientemente, é como se tivesse um ponteiro de medidor de combustível pouco sensível, que não se move enquanto você abastece o carro. Ele começa indicando tanque vazio e de repente pula para a marca do tanque cheio.

Isso acontece porque em algum ponto entre o primeiro e o último bocado você fica desatenta. Vai comendo e engolindo automaticamente, sem atentar para os sinais da fome física. Em conseqüência, o ponteiro salta para a marca final e lá está você empanturrada.

A melhor maneira de lidar com um ponteiro defeituoso é comer devagar. Pare freqüentemente durante a refeição, deponha os talheres por um instante. Em seguida, feche os olhos e avalie seu nível de satisfação recorrendo à experiência. Faça a si mesma a pergunta: "Se eu me levantasse agora da mesa, iria sentir-me satisfeita ou ainda com fome?" Se estiver realmente satisfeita, pare, embora haja comido bem menos que de costume; e se ainda sentir fome, continue comendo.

Se você se mantiver consciente ao longo da refeição, haverá um momento em que perceberá estar quase satisfeita. Nesse caso, convém então parar ou comer só mais um pouquinho. À guisa de experiência, vá em frente e ingira mais um bocado. Como se sente agora? O bocado foi demais ou veio a calhar? Se você permanecer atenta dessa maneira, perceberá mais uma coisa interessante. Ao comer além do necessário, o alimento já não parece tão gostoso como quando você estava com fome. Se notar a diminuição do sabor, isso significa que já comeu o bastante para satisfazer-se.

Com a prática e a consciência, você ficará sensível ao seu grau de satisfação. Se atentar para seu circuito de informação, simplesmente não se sentirá bem comendo demais. Vale lembrar que o objetivo não é devorar até empanturrar-se, mas sim comer até satisfazer-se.

Há muita diferença entre satisfação e locupletação. A primeira ocorre quando sua fome foi saciada. A segunda significa que você comeu em excesso. Mesmo quando se sente "cheia", é possível continuar comendo até ficar mais "cheia" ainda. No Dia de Ação de Graças, quando já nos fartamos o bastante antes mesmo de iniciar a refeição principal, basta-nos afrouxar o cinto e ir em frente. A satisfação vem antes do empanturramento – é um senso de completude sem exagero.

Estratégia 5: aprenda a admitir que muito pouco é muito pouco. Na outra ponta do espectro, você pode ter aderido a um esquema de comer cada vez menos, chegando quase à subnutrição. O que começou como um esforço para emagrecer transformou-se no hábito prejudicial de negar por completo a fome. Nesse caso, você deve admitir para você mesma que a mania de comer pouco foi longe demais. Terá de se familiarizar novamente com os sinais de fome genuína emitidos por seu corpo.

Se contraiu o hábito de definhar, ingerir seja lá o que for pode parecer uma tremenda ameaça. É possível que você aceite comer apenas em situações sociais que a forcem a fazê-lo ou para não ir desta para melhor. Esse método de ignorar a fome pode ter-se mostrado, inicialmente, "bem-sucedido" – você perdeu peso, muito peso até. Entretanto, comer de menos não a aproximará da verdadeira felicidade. De fato, mantê-la-á presa a uma perturbadora e dolorosa relação com o seu próprio corpo.

Comer de menos costuma ser um padrão difícil de romper. Talvez você ache que não deve mudar porque ele a mantém magra e tema o inevitável ganho de peso que ocorrerá se regredir ao padrão antigo. A falta de nutrição também perturba seu julgamento. Talvez você se considere no controle da situação, mas quando está fraca por causa da falta de calorias não consegue pensar direito.

Quando o hábito de comer muito pouco foi longe demais, já não se trata de controle de peso. A inanição é perigosa devido à possibilidade de danos físicos e psicológicos irreversíveis. Se você achar difícil resolver esse problema, o melhor a fazer é procurar ajuda, de preferência um bom terapeuta especializado em distúrbios alimentares.

Mas poderá também agir um pouco por conta própria. Poderá, por exemplo, iniciar mudanças imediatas sintonizando-se com o seu circuito de informação. Comece por prestar atenção à sua fome. No princípio isso é difícil, mas se você conseguir permanecer consciente, aprenderá a responder apropriadamente à sua fome.

Quando nos isolamos por inteiro do universo da alimentação, surge um componente que nos paralisa. Às vezes, nem mesmo salivamos mais à lembrança de um prato saboroso e o primeiro bocado não encerra nenhum apelo estético, por falta de prática. Na verdade, ele pode até ser aterrorizante porque você pressente que, se voltar a comer, o jogo da esbeltez "sem esforço" estará perdido.

No entanto, se se forçar a comer alguma coisa, imprimirá mais estímulo e energia a seu organismo. No começo, decerto sentirá muita fome: abertas as comportas, é como se você fosse ser arrastada pelo desejo de comer. É aqui que será salva pela constante atenção ao nível da fome e ao circuito de informação. Permanecendo atenta e consciente, observando as alternâncias entre fome e negação da fome, conseguirá encontrar o caminho para o equilíbrio.

Nesse ponto, as estratégias de conscientização anteriores irão ajudá-la a compreender sua fome genuína. Determine quais alimentos gosta de ingerir. Coma conscientemente e saboreie o alimento. Saiba descobrir quando está satisfeita e levante-se da mesa quando já houver comido o bastante. Faça tudo devagar, momento a momento – aprenderá assim a confiar em você mesma de novo.

Estratégia 6: a escolha é sua. Quando você come automaticamente, a inconsciência não lhe dá muitas chances. Você come segundo certos hábitos e padrões, em vez de responder ativamente à sua fome.

Se, porém, responde a ela e come conscientemente, as escolhas se multiplicam. Dado que conhece bem seu próprio marcador da fome, saberá quando for a hora de parar. Isso, porém, não quer dizer que vá necessariamente *decidir* parar de comer. Às vezes, resolverá mesmo comer demais; que assim seja. Mas agora, graças à prática alimentar consciente, estará se vigiando a cada passo e observando atentamente a coisa toda: a excitação que precede a refeição, o prazer de estar comendo, o possível mal-estar e desapontamento que se seguem ao exagero à mesa.

Depois desse episódio, talvez você se censure amargamente pela intemperança. Mas, recorrendo à consciência, poderá ser tolerante para com sua situação. O que fez ainda parecerá doloroso e abusivo; mas, à luz da consciência, que mantém seu objetivo pessoal diante de seus olhos, você saberá se perdoar – e ir em frente.

Fazer escolhas que robusteçam seu senso de objetivo não é uma questão de forçar-se a agir da maneira "certa" – nunca mais exagerar na comida, nunca mais tocar num grão de açúcar, levar de um modo geral vida piedosa e casta. Quando em face da perspectiva de agir assim tão corretamente, antevemos uma existência horrivelmente tediosa, sacrificada, insípida e descolorida. Ora, as escolhas que lhe asseguram felicidade duradoura não são de modo algum descoloridas e insípidas, ainda que pareçam opor-se totalmente à sua antiga concepção de uma boa vida. A diferença é que já não estará olhando para fora de si mesma, à procura daquela fonte esquiva de bem-aventurança. E você acabará optando por aquilo que lhe convém. Tudo se resume em descobrir o que realmente deseja em seu íntimo.

Hábitos inconscientes e impulsos irritantes

Em certos dias, seu senso de fome poderá confundir-se facilmente com a fome genuína, os padrões habituais e os impulsos. Fome, hábitos e impulsos acham-se de tal forma misturados que às vezes é muito difícil separá-los.

Definimos *hábitos* como comportamentos arraigados e inconscientes. O automatismo de um comportamento é justamente o que o transforma em hábito. Como você já deve ter descoberto, a inconsciência provoca o ato habitual de comer; a consciência funciona como seu antídoto.

Mastigar o alimento no canto esquerdo da boca, colocar o cinto de segurança e tomar chá todas as tardes são exemplos de hábitos. Nem todos eles são maus. Ao contrário, muitos são benéficos e facilitam sua vida. Porém, os hábitos alimentares, quaisquer que sejam e independentemente de você considerá-los benéficos ou não, precisam ser trazidos ao nível da consciência.

Ao contrário do hábito, o impulso (*urge*) é algo de que você sempre tem plena consciência. Os impulsos irrompem em cena clamando *urgentemente* por sua atenção. Podem, está claro, mesclar-se aos hábitos – chega a hora do dia em que você sempre toma seu refrigerante dietético e um alarme lhe grita do íntimo que corra a tomá-lo *agora*. Os impulsos podem ainda ser acionados pela fome, freqüentemente quando não nos damos conta dela. Por exemplo, você mourejou no computador durante horas e não almoçou: de repente, levanta-se de um salto, sequiosa por um bom pedaço de doce.

Quando os impulsos nos dominam, nosso eu mais "responsável" pode rebelar-se e murmurar: "Não, agora não, não é bom comer tais coisas a esta hora!" Qualquer impulso que se preze, ao ouvir essa espécie de desencorajamento, faz o que os impulsos sabem fazer melhor: pressiona mais e mais até finalmente vencer, quando não cria um indeciso cabo-de-guerra entre as forças internas conflitantes.

O que mais dificulta o trato com os impulsos é sua forte conexão com as emoções. Eles, por natureza, exigem satisfação imediata. Tal qual as crianças, quando um impulso nos avassala, *nós queremos aquilo de qualquer maneira.* Não obtê-lo é doloroso. Em aparência, conseguir o que desejamos propicia-nos certo grau de felicidade, passageira embora. Quando às voltas com um impulso, nunca supomos que nosso prazer pode rapidamente transformar-se em decepção.

Plenitude

Para muitas mulheres, os hábitos e impulsos alimentares costumam parecer amedrontadores e mesmo demoníacos. Nunca os controlamos, como se fossem bonecos de mola que teimam em saltar da caixa para nos assustar. Repelimos esses hábitos e impulsos, abominamo-los, fugimos deles. E por mais que tentemos, é como se os maus hábitos e os impulsos indignos sabotassem todos os nossos sinceros esforços em prol de uma mudança.

Quer o admitamos ou não, tudo o que fazemos, pensamos e sentimos – hábitos e impulsos inclusive – constituem parte da estrutura que nos faz ser o que somos. Tememos ou detestamos certas partes de nós mesmas, preferindo sempre as "melhores". Isso nos mantém ignorantes da plenitude de nosso ser.

Permanecendo propositadamente cegas aos aspectos vergonhosos e sombrios de nós mesmas, tornamo-nos escravas daqueles que não queremos aceitar. As feias máculas que seria melhor não enxergar fazem parte de você do mesmo modo que a "boa menina". Isso não significa que a parte escura de nossa personalidade seja indelével e permanente. Tudo pode mudar. Mas, reconhecendo e vivenciando a totalidade de nosso ser, conseguiremos orientar a mudança segundo o nosso senso de objetivo.

PRÁTICA: ESTRATÉGIAS CONSCIENTES – HÁBITOS E IMPULSOS

Estratégia 1: pergunte a você mesma se está com fome. Quando se dá conta de um hábito ou impulso alimentar, talvez esteja mesmo com fome. Pare por um instante e examine seus sinais pessoais de fome, que anteriormente identificou. Não se esqueça de atentar também para os sinais de sede. Se de fato estiver com fome, recorra às estratégias já recomendadas para satisfazê-la.

Estratégia 2: adie a gratificação. Às vezes, quando você sente fome, embaraça-se para descobrir se se trata de fome verdadeira ou impulso. Consultando seu corpo, poderá captar duas mensagens diferentes: uma delas sustentará que uma nectarina será muito bem-vinda, a outra a incentivará a devorar um enorme pedaço de queijo com a maior sofreguidão – para não ter tempo de mudar de idéia.

Se se sentir insegura quanto ao que comer, estabeleça um prazo entre você e seu impulso. Não seja precipitada. Conseguirá retardar a gratificação por um minuto, meia hora ou indefinidamente?

Um bom meio de adiar a gratificação é estabelecer um limite de tempo (esse limite é com você, mas seja razoável): "Vou conceder a mim mesma trinta minutos e, se ainda sentir vontade de comer, comerei". Caso ainda continue insegura findo o prazo, amplie-o. Persista nessa estratégia até resolver comer o alimento – ou até que o impulso se desvaneça.

Quando você adia a gratificação, é importante reconhecer também que *pode* comer o alimento agora mesmo, se quiser. Mas se, ao contrário, insiste no "não", trava-se uma batalha interior. Concedendo a si mesma permissão e prazo, evitará essa batalha.

Se decidir ceder ao impulso e comer o alimento, faça-o com uma ressalva: irá comê-lo conscientemente. Às vezes, a única maneira de satisfazer um impulso é comer pelo menos um pedacinho do alimento desejado. Nessas ocasiões, se pelo menos não mordiscar, acabará devorando todas as guloseimas saudáveis e não tão saudáveis da casa, pois não obteve o que realmente lhe apetecia. Se resolver ir em frente e comer o alimento, faça-o bocado a bocado, examinando entre um e outro se o impulso cessou. A observação consciente lhe dará boa informação sobre até que ponto esse impulso faz parte de seus padrões alimentares habituais.

O objetivo dessa estratégia não é decerto comer o que se quer na hora que se quer. Ao contrário, é encontrar um modo equilibrado de trabalhar com as complexidades dos impulsos. Quando lidamos com impulsos, não conseguimos suprimi-los, nem tampouco suportá-los por muito tempo. O meio-termo para enfrentá-los é a consciência. Esta lhe permite prestar atenção sincera a um impulso e fornece-lhe a perspectiva necessária a uma escolha ponderada e consistente.

Estratégia 3: o que de melhor ou pior poderia acontecer? Se você hesitar em ceder a um impulso, outra boa estratégia consiste em fazer a si mesma duas perguntas simples: "O que de pior poderá acontecer se eu obedecer a meu desejo?" e "O que de melhor acontecerá?"

O exame dessas duas perguntas contraditórias é estimulante. Por exemplo, talvez você esteja pensando em saborear seu doce favorito. O pior que poderá acontecer é você comer todos os doces da casa, sair para comprar mais e fartar-se a ponto de acabar no hospital. Isso é mau, mas muito improvável. O melhor que poderá acontecer é você comer um pouco do doce, concluir que já foi o bastante e parar.

Visualizando os extremos do que pode acontecer, você cria uma perspectiva para você mesma e livra-se do medo. Às vezes, está tão bloqueada pelo medo que é incapaz de sintonizar seu circuito de informação. Permitindo-se examinar os resultados melhores e piores, ficará livre para tomar uma decisão mais racional.

Estratégia 4: tudo está em questão. É difícil perceber hábitos ocultos como comer às pressas, comer enquanto se faz outra coisa ou comer sempre a mesma coisa. No caso das mulheres, a mentalidade de dieta criou muitos hábitos ocultos. Pesamos e medimos os alimentos, raciocinando em termos de níveis de gordura, proteína e carboidratos. Consideramos alguns perigosos, outros seguros. Esses hábitos "saudáveis", que desenvolvemos na tentativa de emagrecer, talvez sejam os mais prejudiciais.

Todos os hábitos são padrões fixos e inconscientes. Se você quiser descobrir o que realmente precisa comer, *todos* os seus hábitos estão em questão. Deverá considerar atentamente até seus hábitos mais queridos, suas "vacas sagradas" pessoais.

Por exemplo, você nunca come batatas fritas porque são muito gordurosas e, a seu ver, vão fazê-la engordar imediatamente. Ou então está faminta depois de um dia bastante ativo e pára nos dois pedacinhos de frango que sempre se permite, ainda que pressinta que poderia comer o dobro para ficar satisfeita.

Esses hábitos podem ter sido formados com a melhor das intenções. No entanto, como se tornaram comportamentos inconscientes, provavelmente são os que a estão deixando paralisada. Você precisa, então, examinar todos os seus pensamentos e comportamentos alimentares. Talvez seus hábitos saudáveis mais estimados estejam bloqueando seu circuito de informação, impedindo-a de acreditar em si mesma quando se trata de decidir quanto e como comer.

Em lugar de pesar e medir suas porções, tente encher visualmente o prato com a quantidade que considera apropriada. Em seguida, coma devagar e com consciência até ficar satisfeita, mas não farta (ver "Estratégias Conscientes – Fome", números 3 e 4, páginas 178 e 179). Se aprender a confiar em seu circuito de informação, verá que é possível livrar-se da falsa segurança proporcionada por esse tipo de hábitos saudáveis.

Você ainda descobrirá que certos hábitos são comportamentos benéficos. Mas, em vez de continuar cultivando-os inconscientemente, prestará mais atenção a eles. Por exemplo, poderá evitar de modo automático todos os alimentos com alto teor de gordura. Mas, na alimentação consciente, decidirá limitar os pratos gordurosos porque notou que, após consumi-los, sente-se preguiçosa. Aparentemente, é a mesma coisa:

evitar gorduras. Mas a diferença é que agora você fará uma escolha consciente e ativa, rejeitando as gorduras com base em seu circuito de informação.

Estratégia 5: assuma a responsabilidade. O melhor dos hábitos alimentares é que eles nos livram da pesada responsabilidade de pensar por nós mesmas sobre o que devemos comer. Assim, quando planejamos aboli-los, vemo-nos diante da difícil tarefa de tomar nossas próprias decisões.

Se deixamos de seguir, descuidadamente, orientações que nos dizem o que comer, ficamos às voltas com nossas próprias decisões e comportamentos. E com a nova liberdade vem a nova responsabilidade.

Um bom exemplo da urgência de equilibrar liberdade com responsabilidade pessoal foi a contra-revolução das "dietas não funcionam", ocorrida há alguns anos. A idéia básica, cheia de boas intenções, resumia-se em escapar de comportamentos dietéticos programados e habituais.

Muitas pessoas fanáticas por dietas captaram a mensagem de que elas não funcionam e concluíram que era verdadeira. Enfim livres da repressão das regras que vinham seguindo há anos, mandaram seus regimes às favas e entregaram-se à comilança. Quando os quilos se acumularam, voltaram relutantes – ou desiludidas – aos limites seguros impostos pelas dietas.

As dietas *não* funcionam, mas o mesmo se aplica ao repúdio insensato de todas as regras. Há um meio-termo entre esses dois extremos, chamado consciência. Sem regras, é preciso ouvir as mensagens do próprio circuito de informação. Você talvez consiga pôr de lado a dieta e os comportamentos inconscientes a ela associados; mas, em contrapartida, terá de assumir a responsabilidade da consciência.

Como adultos, devemos decidir quais alimentos são bons para nós e quanto deles convém ingerir. Se nossas opções se revelarem equivocadas, se os alimentos escolhidos nos fizerem adoecer ou se comermos mais que o necessário, estaremos diante de uma experiência de aprendizado. Harmonizar liberdade com responsabilidade dá-nos uma crescente compreensão de nossos corpos e necessidades nutricionais.

A responsabilidade exige esforço e empenho. Mas se você já viu o outro lado – a substituição da responsabilidade por uma dieta que não funciona nunca –, reivindicar a própria vida torna-se uma alegria.

Estratégia 6: não tente eliminar o hábito, procure apenas conhecê-lo. Muitas vezes, apressamo-nos em nos livrar do hábito antes mesmo de saber o que ele é. Por exemplo, reconhecemos que consumimos chocolate em excesso e resolvemos cortar esse hábito de uma vez. Todavia, os hábitos podem fornecer informação extremamente útil a respeito do que se passa sob a superfície. Por que comemos chocolate? A que horas do dia o fazemos? Que mais acontece em nossa vida nessas horas? O que nossa experiência revela antes de comermos chocolate, enquanto o comemos, algum tempo depois ou no dia seguinte? Quando nos observamos atentamente durante o ato de comer chocolate, o que podemos aprender?

Correr para eliminar um hábito pode, na verdade, transformar-se em outro hábito. Passamos de um extremo a outro: comer demais chocolate, não comer chocolate algum! A questão não é acabar com todos os hábitos imediatamente e sim observá-los para encontrar-lhes a raiz.

Sua intenção deverá ser, pura e simplesmente, acompanhar seus próprios comportamentos no *habitat* deles. Não para extingui-los; apenas para considerá-los com espírito compassivo. Conhecendo seus hábitos, você terá melhor compreensão de onde está agora – comece, pois, daí. Desse modo poderá, racional e conscientemente, determinar como irá responder a futuros impulsos.

Estratégia 7: evite as armadilhas óbvias. Trabalhar zelosamente com hábitos e impulsos é mais ou menos como lidar com uma criança. Uma hábil técnica para redirecionar comportamentos indesejáveis na criança consiste em tentar impedir que as oportunidades para tais comportamentos surjam. De igual modo, um bom recurso para eliminar hábitos é evitar as ocasiões em que eles possam se manifestar.

Se, por exemplo, você perde constantemente o controle sobre determinado alimento, melhor será não estocá-lo em sua despensa. E se nota que come e bebe demais quando sai com certos amigos, poderá recusar o próximo convite.

Esse tipo de solução costuma ser útil porque remove as tentações e dá-lhe algum tempo para firmar-se nas práticas alimentares. Em última análise, contudo, não passa de solução temporária porque não exige que você trabalhe com consciência e senso de objetivo.

Quando iniciar suas práticas alimentares, evite situações que a façam perder o controle. Isso proporcionará o ambiente seguro de que necessita para operar mudanças. Utilize-o a fim de reforçar a capacidade de permanecer consciente e em contato com seu circuito de informação.

Estratégia 8: desmascare o demônio. Freqüentemente cultivamos um hábito ou impulso alimentar que nos parece tão intenso, vergonhoso ou debilitante que o consideramos insolúvel. Tememos que ele nunca deixe de nos apoquentar, arruinando nossos melhores esforços para comer saudavelmente. Fazemos de tudo para pôr um ponto final nesse comportamento; mas, como um demônio escondido dentro de nós, ele apenas aguarda a oportunidade para nos desequilibrar.

Esse tipo de impulso se distingue pelo fato de parecer sempre transformar-se num comportamento descontrolado. Talvez se trate de um impulso que resulta na decisão inconsciente de só pararmos de comer quando nos sentirmos mal. Ou então de algo que nos lança num ciclo de excessos seguidos de jejuns compensatórios, por dias a fio. Não importa a forma que ele tomar, *é* o comportamento habitual que, bem o sabemos, representa o nosso mais vergonhoso e sombrio segredo com relação ao alimento e ao corpo.

Em primeiro lugar, você precisa reconhecer essa parte de seu ser. Assim fazendo, colocá-la-á na devida perspectiva. O comportamento alimentar é apenas um dos muitos elementos que entram em sua constituição – não é de modo algum você inteira. Porém, se temê-lo e conservá-lo secreto, o poder por ele acumulado durante sua permanência na sombra amplificará enormemente sua pretensa magnitude.

Seu padrão demoníaco vem e vai, como qualquer outra parte de você. E, como qualquer hábito, não se trata necessariamente de algo que terá de carregar pelo resto da vida. Agora, no entanto, ele lá está e é bem real.

Depois de identificar o impulso demoníaco e seu padrão conseqüente, o próximo passo será observá-lo. Não tente mudá-lo; apenas examine-o. A princípio, isso poderá significar simplesmente que, quando o impulso aparecer, você pensará: "Oh, não, que sensação horrível!" Por vezes, após repetir o inconfessável padrão de comportamento, lhe ocorrerá a seguinte idéia: "Tive esse impulso e aqui estou, desgostosa comigo mesma. Ai de mim!"

Entretanto, se persistir em prestar toda a atenção ao hábito, atingirá um ponto de onde poderá observar o padrão inteiro, do princípio ao fim. E então, se realmente não gostar dele – se ele a fizer sentir-se desequilibrada ou doente, se for prejudicial à sua paz de espírito, se comprometer sua capacidade de vivenciar o senso de objetivo –, então você, simplesmente, não terá vontade de conservá-lo. Seu empenho na consciência resolverá o problema.

Saia da rotina

Se prosseguir com as práticas alimentares e aplicar as estratégias destinadas a sustentar a consciência, seu estilo de comer mudará com o tempo. Você não exercerá sua força de vontade, não definhará, não escolherá um grupo de alimentos em lugar de outro, como sua nova arma milagrosa para perder peso. Ao contrário, aprenderá a comer aquilo de que tem fome. Aplicando seu senso estético e reconhecendo os alimentos por sua avaliação interior, descobrirá que já não come com base em padrões exteriores de saúde. Longe disso, passará a ingerir aquilo que prefere e lhe faz bem. Assim, a consciência se faz sua própria recompensa. Embora o ato de nos mantermos conscientes exija a aceitação de coisas desagradáveis ou penosas, o prêmio consiste em nos tornarmos autênticas. Você será, por fim, exatamente o que é.

Há um antigo provérbio: "Podemos fugir, mas não nos esconder". Em muitos casos, passamos a vida tentando escapar à verdade daquilo que somos. No entanto, é bem mais compensador parar de fugir, interromper todos os jogos e apenas vernos tais quais somos agora.

DEZ

Você é uma obra em andamento

Quais são as Quatro Verdades Nobres? A verdade nobre do sofrimento; a verdade nobre da origem do sofrimento; a verdade nobre do fim do sofrimento e a verdade nobre do modo de eliminar o sofrimento.

– O Buda

Quando dormimos, à noite, ficamos inconscientes. Não percebemos o que nos cerca à medida que mergulhamos em uma outra esfera e nos sonhos. Entretanto, ao despertar na manhã seguinte e descobrir que retornamos ao nosso lugar conhecido no mundo, significará isso que estamos plenamente conscientes?

Muitas pessoas acordam para outra espécie de sonho – o sonho de suas vidas. Vagar como sonâmbulas pela existência é o seu estado natural. Assim, boa parte da vida lhes escapa à atenção. Nós saltamos de um momento a outro imersas no esquecimento dos hábitos, cismas e devaneios, praticando atos e fazendo escolhas das quais só temos consciência pela metade, se tanto.

Há, porém, um estado mais profundo de vigília que podemos atingir. Trata-se do tipo de despertar que exploramos ao longo deste livro, oriundo do aguçamento da consciência. Despertando graças a uma percepção mais acurada, podemos sustar nossas loucuras com o alimento e o corpo de uma vez por todas. Podemos interromper as dietas aborrecidas, a autocrítica, a privação.

A grande façanha do Buda, que o distingue dos outros homens, foi despertar na vida, tornando-se consciente dela. O termo "Buda" significa literalmente "aquele que despertou" (da raiz *bhud*, "despertar").

Os contos Jataka, que narram a história das muitas vidas do Buda, revelam que ele se esforçou heroicamente para despertar em plenitude cada vez maior. Sua última batalha para se tornar totalmente desperto foi contra a Grande Tentação, Mara. Mara tudo fez para impedir aquele despertar, enviando-lhe desejos para seduzi-lo e terrores para amedrontá-lo. Mas o Buda resistiu.

À medida que ia despertando cada vez mais, o Buda percebeu que, como todas as coisas passam e mudam com o tempo, as armas empregadas por Mara contra ele eram puramente ilusórias – não tinham substância duradoura. Viu que todas as coisas estão sujeitas à mudança: as que amamos e as que odiamos. Abrindo-se para essas nobres verdades, compreendeu que os prazeres oferecidos por Mara, tanto quanto as dores, não passavam de instantes efêmeros. Também esses logo passariam e se transformariam, como tudo o mais. Concluiu então que nada tinha a perder ou ganhar com ilusões mutáveis. Essa conclusão foi a derradeira percepção e ele se tornou plenamente desperto.

A natureza instável dos obstáculos

Está na natureza de todas as coisas mudar. A criança cresce, a ferida cicatriza, a primavera cede o passo ao verão. Mas está também na natureza do homem desejar que as coisas permaneçam organizadas, fixas, estáveis. Queremos que elas pareçam o que desejamos que sejam, ao invés de apreciar a essência do que são no momento.

Como praticantes contumazes de dietas, nós ao mesmo tempo ansiamos por mudanças e fugimos delas. Queremos modificar nosso modo insensato de comer, modificar o corpo, modificar o tamanho de nossas roupas, modificar nossos espelhos para que sejam mais complacentes. Entretanto, depois de operar mudanças positivas, como perder peso, insistimos em detê-las e conservar as coisas como são para sempre.

Querer que as coisas permaneçam as mesmas, quando isso é impossível, apresenta um obstáculo à nossa felicidade. Se estamos seguindo uma dieta que já não funciona, ficamos amarguradas. Do mesmo modo, se o circuito de informação e o senso de objetivo parecem também não funcionar mais, saímos em busca de uma nova fórmula. Ora, a diferença entre seus antigos regimes e aquilo que você aprendeu neste livro é que as dietas ocidentais são soluções externas e mecânicas, incapazes de acionar a maré da mudança.

Do ponto de vista oriental, o fato de todas as coisas mudarem constitui uma das razões fundamentais para renovar e revigorar os esforços em prol do despertar. Se você estiver preparada para os tipos de obstáculo com que porventura irá chocar-se e se conseguir enfrentá-los com consciência clara, descobrirá que eles lhe proporcionam a oportunidade para traçar seu próprio curso de mudança.

PRÁTICA: OBSTÁCULOS COMUNS – QUE FAZER COM ELES?

Obstáculo 1: consciente – quem, eu? O primeiro obstáculo que você enfrentará é o fato de esquecer-se de permanecer consciente. Decidiu com a melhor das intenções comer um alimento ou praticar a meditação em posição sentada com total consciência. Mas o que logo em seguida descobre é que a comida desapareceu toda do prato ou quarenta e cinco minutos se passaram sem você se dar conta.

A perda de consciência acontecerá. Não uma vez ou duas, mas com grande freqüência. É muito difícil permanecer consciente – mesmo por vinte segundos. A força de uma vida inteira de inconsciência habitual não pode ser imediatamente substituída pela atenção pura, concentrada. Mas se você despertar a qualquer momento e constatar que esteve inconsciente, conseguirá tornar-se consciente na hora. E ter consciência por um único instante é infinitamente melhor que não ter consciência nunca.

Como todo o resto que você faz na vida, permanecer consciente por períodos cada vez mais longos torna-se cada vez mais fácil com a prática. Assim, para enfrentar o primeiro obstáculo, pratique a consciência. Recorra às práticas de meditação e ioga delineadas no Capítulo 7 e observe com a máxima atenção os sentimentos, sensações e pensamentos decorrentes. Dado que todas as práticas aprofundam aos poucos sua percepção, repita-as também. Quanto mais tempo permanecer no terreno da consciência, mais fácil achará ficar ali por intervalos maiores. O método também facilitará o retorno à consciência quando você, inevitavelmente, perdê-la.

Obstáculo 2: aprendi – não aprendi. Outro obstáculo que você encontrará será o ego e seu forte desejo de pôr termo ao aprendizado e à evolução. Quando as técnicas apresentadas neste livro começarem a funcionar, dando-lhe algum alívio, você talvez se ponha a refletir: "Aprendi. Tudo faz sentido, sei do que se trata. Problema solucionado".

É muito proveitoso apreciar o progresso que você fez. Mas, tão logo conclui que já o alcançou, esse simples pensamento pode acender uma grande luz vermelha advertindo-a contra a inconsciência iminente. Há uma conhecida passagem na filosofia indiana que poderá orientá-la: "Quem pensa que sabe não sabe" (Kena Upanishad I, 1-3).

Portanto, quando surgir a idéia triunfal de que captou tudo, quer durante a prática da ioga ou sentada à mesa para comer, saiba que está prestes a perder a consciência do momento presente. Esse obstáculo é fácil de perceber se você decidir calar o ego tempo suficiente para lembrar: "Ah, sim, quando penso que aprendi, não significará isso justamente o oposto?"

As boas e más notícias são que precisamos mergulhar cada vez mais fundo o tempo todo, pois a mudança e o tempo não nos deixarão imobilizadas. O que "captamos" hoje não inclui necessariamente o que encontraremos amanhã. A chave é não chegar ao fim da jornada e dá-la por encerrada de vez. Temos de continuar aprendendo enquanto percorremos o caminho da mudança.

Obstáculo 3: basta acrescentar água. Pode ser assustador o ressurgimento súbito de velhos hábitos e padrões, que aparentemente estavam congelados e de atalaia, sob a superfície. Você imaginava (ou rezava para isso) que eles haviam desaparecido para sempre, mas agora voltaram e estão tentando assumir o controle. Um incidente ou estado de espírito à primeira vista insignificantes podem acioná-los. Basta acrescentar-lhes um pouco de água e eles renascem, prejudiciais e inquietantes como sempre.

Por exemplo, você talvez haja compreendido que a aparência não significa tudo na vida. Pouco depois, passa diante de uma vitrina e tem um vislumbre de sua silhueta. Sem mais, regride ao estado de autocrítica que pensava estar jazendo bem longe, nos velhos e maus tempos. Esse tipo de reincidência num padrão antigo pode ocorrer a qualquer hora e por qualquer motivo.

Saber que os "piores" hábitos costumam ressurgir é o primeiro passo para a remoção desse obstáculo. Lembre-se de que eles, provavelmente, levaram anos para desenvolver-se. Os velhos hábitos da alimentação e do corpo fazem parte de você como tudo o mais: é preciso algum tempo para vasculhar-lhes as profundezas.

Em vez de desesperar-se ante a constatação de que é incapaz de operar mudanças, apenas pare e observe atentamente o reaparecimento de seu velho flagelo. Se evitar com todas as forças mergulhar numa torrente de autojulgamento e autocrítica, o hábito perderá o império que tinha sobre você. Verá então que se trata apenas de um padrão passageiro, o qual só a dominará se você o permitir.

Você poderá também enfrentar dinamicamente esse obstáculo recorrendo às "Estratégias Conscientes" apresentadas no Capítulo 9. Elas a ajudarão a identificar a estrutura e as dificuldades dos hábitos que envolvem o alimento e o corpo. Quando forjamos conscientemente padrões novos, que nos agradam, os antigos se tornam somente lembranças. Se voltarem à tona, apenas balance a cabeça e pergunte-se por que pareciam tão sedutores.

Obstáculo 4: a oscilação do pêndulo. Se persistir nas práticas deste livro, sem dúvida perceberá que está perdendo peso, sentindo-se cada vez mais forte e gozando uma sensação mais intensa de boa forma. Como não apreciaria esse conjunto mais propício de circunstâncias? Talvez sinta até mesmo algum orgulho por ter realizado tantas mudanças positivas na vida sem regredir aos velhos e sofridos truques da dieta e da privação.

No entanto, à medida que prossegue e seu corpo se ajusta às mudanças iniciais positivas, talvez lhe suceda um dia achar que chegou a um impasse. Que aconteceu? Não seguiu cuidadosamente as práticas? Não está mais em contato com seu objetivo pessoal? Sem razão aparente, você já não obtém os mesmos resultados. O que saiu errado?

Como nosso corpo e circunstâncias de vida mudam com o tempo, o que funcionou ontem pode não funcionar hoje. Chamamos isso de oscilação do pêndulo. Por exemplo, você adota uma dieta rica em carboidratos porque soube que tem baixo teor calórico e proporciona muita energia. A princípio, ela funciona admiravelmente. Mas depois de algum tempo você já não se sente bem e começa a engordar. Então, ouve falar na nova dieta à base de proteínas. Joga fora seus carboidratos, devora o *bacon* e o bife de hambúrguer sem o pão e tudo vai às maravilhas – por enquanto. Mas pode apostar que cedo ou tarde o pêndulo oscilará outra vez e o novo regime deixará de funcionar. É inevitável que, com o tempo, seu corpo mude e você precise levar em consideração a mudança para permanecer saudável e equilibrada. Se enfrentar um impasse, faça a si mesma estas perguntas: "Terá a consciência se transformado num novo hábito?" "As práticas se tornaram apenas uma outra rotina?"

Você pode imaginar que permanecerá consciente ao iniciar uma prática. Senta-se à mesa, firma desde o começo sua intenção e recorre repetidamente ao circuito de informação enquanto come. Pensa: "Ouvir o circuito, ficar atenta". A verdade, porém, é que transformou o processo numa espécie de taquigrafia mental e recita aquelas palavras sem de fato estar presente. Isso lembra o obstáculo pelo qual supomos ter aprendido. Dado que sabemos *como* ficar conscientes e apegadas ao objetivo quando comemos, concluímos não ser necessário nos preocuparmos mais com tais coisas.

A consciência, porém, exige esforço constante. Se seu corpo lhe der claramente o sinal de que necessita de algo novo ou se você precisa sintonizar-se mais profundamente, a consciência será o único instrumento capaz de ajudá-la a descobrir sua real necessidade. Pode ser desalentador começar a ganhar peso ou sentir-se doente depois de um período de bem-estar. Você talvez ache então que todo o esforço e todo o sucesso se escoaram pelo ralo. Porém, há diversos níveis de sucesso, diversos níveis de satisfação.

Se sua energia ou saúde não estiverem equilibradas, ou você começar a ganhar peso, é hora de apelar de novo para as práticas. Tente aplicá-las como se nunca as houvesse aplicado antes. E, mais importante, reexamine sua intenção de realizar mudanças. Com um objetivo atualizado, de inspiração recente, as práticas e seus benefícios se renovarão.

Abrir caminho por entre esse obstáculo comum nem sempre será fácil. Mas você já sabe que dietas e privações não funcionam, portanto sua única chance será continuar procurando outro rumo. A busca honesta de significado e objetivo, por intermédio da consciência, é a única maneira de nos conhecermos realmente.

Obstáculo 5: ser ou não ser verdadeiras? A dúvida pode representar um sólido obstáculo em si mesma. Você poderá questionar sua capacidade de saber o que é certo e errado, sobretudo porque agora procura confiar nos próprios instintos.

A audodesconfiança aumentará sem dúvida em virtude dos equívocos cometidos no passado: ter pensado estar se casando com a pessoa certa, ter aceito um emprego enfadonho, ter se atolado em dívidas. Na época, talvez haja concluído que considerava todas as facetas antes de ir em frente. Quando, alguns anos depois, tudo saiu errado, é provável que se perguntasse como seus instintos puderam falhar a tal ponto.

Também costumam surgir dúvidas quanto ao que deve comer e aos exercícios que deve fazer. Por exemplo, se você perdeu peso e este se estabilizou, pode concluir que *não* convém confiar em si mesma para saber, intuitivamente, o que lhe dará equilíbrio e saúde. Ou então alguém lhe dirá que comer de modo intuitivo é uma asneira e que existe uma dieta muito melhor para você. De novo, você desconfiará de seus instintos. E perguntar-se-á se basta achar que o que está fazendo é certo no nível instintivo, para sentir-se mais feliz.

Tenha em mente que a autoconfiança exige prática. Muitas mulheres em conflito com o corpo e o alimento estão, por definição, sem prática. Algumas se mostram excessivamente autocríticas. Censuram-se pelos problemas que surgiram, pelos bocados que ingeriram, pelas dietas que falharam. Estão sempre em pecado, sempre receosas da próxima coisa horrível que infligirão a si próprias.

Quando você se critica muito, a autodesconfiança torna-se um hábito arraigado. No entanto, de fato, só *você* pode saber o que lhe convém: trata-se apenas de avaliar cada situação individualmente. Deverá considerar sua experiência (sobretudo seu instinto), os aspectos do caso e as informações obtidas de outrem. Examinando todos esses fatores, saberá descobrir o que é certo para você.

Confiar em nós mesmas não é uma questão de renunciar a toda e qualquer responsabilidade. A confiança exige que julguemos nossas ações de diferentes pontos de vista e não apenas com base em nossos instintos entranhados. Como em qualquer outra decisão na vida, o poder da razão e o senso de responsabilidade ética são igualmente importantes.

Você, inevitavelmente, cometerá erros; esse é um dos riscos da autoconfiança. Mas, se errar ou se as coisas não saírem conforme o planejado, terá uma oportunidade para aprender. Em vez de chegar à conclusão de que não pode em absoluto ter fé em si mesma, aprenderá que *pode* ao menos confiar em sua capacidade de fazer correções de rota.

Obstáculo 6: o que é espiritualidade? Quando realizamos mudanças, nossas relações com os outros também costumam mudar. No passado, talvez tenha achado que seus amigos e familiares não a incentivavam suficientemente em seus esforços dietéticos. Mas isso é nada em comparação com as dificuldades que poderá enfrentar ao decidir viver uma vida mais significativa e espiritual.

Em muitas culturas orientais, a espiritualidade é parte integrante do cotidiano. Mas aqui, no Ocidente, orgulhamo-nos da separação entre Igreja e Estado. O nosso dia-a-dia reflete a distância entre espiritualidade e o resto. Nem toda pessoa que você encontrar achará que as coisas espirituais têm alguma importância. Muita gente nem sequer acredita no conceito de espiritualidade e há quem o considere até mesmo ameaçador. Tais pessoas podem tentar afastá-la de algo tão intangível, criticá-la por abandonar seu eu mais sensível ou lamentar que tenha aderido a um culto. Enfrentar a desaprovação delas pode revelar-se bastante difícil quando se trata de amigos ou parentes.

Mas o reverso da medalha é que talvez seja *você* quem esteja julgando a maneira de viver dos outros e desaprovando-os por levarem uma existência em geral carente de significação, segundo seu modo de ver. Provavelmente, deseja apontar-lhes os erros que cometem e induzi-los a promover o tipo de mudança que a fez muito mais feliz que eles.

Contudo, assim como exige que seus entes queridos sejam tolerantes, convém respeitá-los verdadeiramente. Sem dúvida, você não gosta que a ensinem a viver sua vida; os outros também não gostam. Mesmo quando pensamos saber *de fato* o modo melhor de alguém agir, nosso público-alvo provavelmente não acolherá bem a "oferta" dessa informação.

Quando nossas relações se baseiam no respeito mútuo – ainda que não percorramos o mesmo caminho de espiritualidade e significação –, é possível chegar a um entendimento. Descobrimos por fim que somos pessoas diferentes, com diferentes concepções de vida. E, se algumas discrepâncias fundamentais persistem, podemos ao menos concordar em discordar.

Porém, caso amigos e parentes não puderem respeitar ou tolerar nossas escolhas pessoais, precisaremos examinar com mais cuidado esses relacionamentos. O que, numa relação, funciona ou não funciona? Se você concluir que ela não é estimulante, talvez tenha de considerar o cruel dilema de interrompê-la ou não.

Quando um relacionamento é prejudicial e compromete nossa capacidade de buscar significação e evoluir, talvez seja tempo de acabar com ele. Ao ponderar esse tipo de problema, a assistência de um bom terapeuta pode ser necessária.

Obstáculo 7: para onde foi meu objetivo? Talvez, a certa altura, você se pergunte o que tem significado em sua vida e avalie, especificamente, se seu objetivo pessoal continua relevante a seus olhos. Esse obstáculo é mais ou menos assim: entregando-se às práticas, você fica em contato com o objetivo pessoal e acha-o incrivelmente inspirador; quando aparecem as dificuldades, consegue permanecer presa a esse objetivo, que a ajuda a enfrentar os tempos difíceis. Sente-se então "numa boa", com a vida mudando para melhor.

Mas, um belo dia, tenta auscultar seu objetivo pessoal e já não o acha tão inspirador quanto antes. Tenta de novo, no intuito de espremer-lhe o antigo suco, esperando alcançar a segurança e a paz que um dia ele lhe proporcionou. Nada acontece. Você se esforça desesperadamente, mas parece que a fonte secou. Que aconteceu?

Uma vez que tudo está sujeito a mudanças, até nosso senso de objetivo e nossa espiritualidade podem alterar-se igualmente. O objetivo que outrora nos enchia de entusiasmo agora parece vazio e sem sentido. Quando você se deparar com esse obstáculo, sem dúvida considerará a possibilidade de interromper o processo e retornar aos velhos métodos inconscientes.

Antes de mais nada, não entre em pânico! Você não se perdeu pelo caminho, apenas chegou o momento de guindar seu senso de objetivo ao patamar seguinte. Volte ao Capítulo 3 e consulte as práticas da página 57 ("Como Descobrir o Objetivo Pessoal"). Ao retomá-las, ponha de parte todos os preconceitos sobre qual *deveria* ser ou foi seu objetivo na última vez que praticou. Explore franca e honestamente o que tem significado para você agora. Descobrirá sem dúvida que o senso de objetivo original constituiu apenas a camada inicial então acessível a você.

Não receie ir cada vez mais fundo, renunciando aos antigos ideais e permitindo que outros tomem corpo. Ter uma crise de objetivo não significa ignorar o que queremos na vida – significa, isso sim, que ganhamos confiança suficiente para, com toda a honestidade, descobrir o que *desejamos* fazer.

Cura a todo momento

O caminho que lhe apontamos neste livro foi o da cura. Não lhe demos uma fórmula mágica para resolver seu conflito com o alimento e o corpo – quem dera a tivéssemos! Em vez disso, mostramos-lhe a porta de entrada, a porta para a consciência. Por trás dela inicia-se uma jornada de autodescoberta e cura na qual você encontrará paz de espírito e uma existência inspirada por seu senso pessoal de objetivo.

É aqui – desperta a cada momento – que você deve começar a resolver o conflito com o alimento e o corpo. Em virtude de ter ficado paralisada por tanto tempo, esse conflito parecerá ser sua única preocupação. As práticas, entretanto, vão libertá-la do estado conflituoso e alçá-la a uma condição de equilíbrio e saúde.

Parte essencial da cura é a prática da auto-investigação, ou seja, o ato de olharmos para dentro de nós mesmas e investigarmos tudo o que virmos. Esse questionamento faz as vezes de método de exame do instante atual. Você se pergunta: "Como estou hoje?" e obtém a resposta: "Não muito bem", "Ótima", "Um pouco sonolenta". Esse breve processo dá-lhe informação vital a respeito de você mesma.

A fim de aprofundar a investigação, convém perguntar ainda: "Por que não estou tão bem hoje?" A resposta pode ser surpreendente: "Porque me deprime a perspectiva de tanto trabalho a fazer". Examinando todas as respostas, você avançará até perceber ter chegado às verdadeiras raízes de sua experiência. Se continuar a questionar-se dessa maneira, descerá ainda mais fundo em sua jornada através das portas da consciência. Terá então um vislumbre do íntimo de seu ser. Quando nos investigamos abertamente, honestamente, amorosamente – sem exigir respostas, apenas esmiuçando mais indagações –, começamos a nos curar.

A auto-investigação é um apelo a questionar tudo. Não se trata de autocrítica nem de rejeição de crenças e sim da arte de observar com franqueza até os aspectos mais sutis de nossa existência: a vida interior e a atuação pessoal no mundo. É uma metodologia que lhe permite ser absolutamente honesta consigo mesma. Assim agindo, você conseguirá descobrir os fundamentos dos problemas genuínos que a afetam. Quanto mais persistir no processo, mais saberá a respeito do que acontece em seu íntimo. A auto-investigação questiona até mesmo as perguntas que você faz – nada lhe escapa.

O apelo ao despertar

Se você vagou como sonâmbula pela vida durante muito tempo, poderá de repente ouvir o chamado para despertar. Num átimo, perceberá que em algum ponto do trajeto você se perdeu. Tomou outro caminho, contrariando o senso íntimo do certo e do errado. Quando ouve o apelo ao despertar, sabe que tem uma escolha: realizar algumas mudanças ou persistir na rota destrutiva. É um chamamento à verdade, um cultivo da verdade antes que seja tarde demais.

O conflito com o alimento e o corpo, que a levou a ler este livro, pode fazer o papel desse apelo. Ele clama desesperadamente por sua atenção e quer que você desperte para sua verdade interior. Se ouvir o chamamento e continuar na senda da cura, despertará realmente para verdades cada vez mais profundas. A recompensa não será meramente o equilíbrio entre o alimento e o corpo, mas também a descoberta de sua paixão pela busca de significado. O prêmio inesperado oferecido pelo conflito com o alimento e o corpo é que ele pode reconduzi-la ao lar.

E, quando entramos novamente em casa, percebemos que não há lugar igual. O lar é o local a que pertencemos, aquilo que somos – é a nossa verdade. Como reza o poema de John Keats, "Verdade é beleza, beleza é verdade, nada mais/ É o que aprendemos na vida e só o que temos de aprender". Quando aceitamos nosso eu integral, despertamos para *nossa* verdade e nossa beleza.

Todas as práticas contidas neste livro são métodos concebidos para descobrir a própria verdade e a própria beleza. Cada uma delas contribui para a solução do conflito com o alimento e o corpo, ajudando-nos a despender mais tempo em estado de consciência. Quanto mais ficarmos conscientes e em contato com o senso pessoal de objetivo, melhores oportunidades teremos de mudar. Mantendo o que é de fato significativo no centro da mente e aprendendo a identificar os sinais de equilíbrio do corpo, faremos as escolhas corretas para nós a cada momento. Quando você estiver vivenciando o conflito diário com o alimento e o corpo, terá uma estrela-guia em seu próprio senso de significação e consciência, que a ajudará a encontrar o caminho.

A partir do instante em que ouvir o apelo para voltar ao lar, emitido pelo conflito com o alimento e o corpo, estará iniciando uma viagem de descoberta. A finalidade não é chegar a determinado lugar, mas persistir no caminho rumo à maior das compensações: descobrir o significado que jaz oculto em cada instante. Você é uma obra em andamento.

Subsídios

LIVROS DE IOGA

Desikachar, T. K. V. *The Heart of Yoga: Developing a Personal Practice.* Rochester,Vt.: Inner Traditions, 1999.

Farhi, Donna. *Yoga Mind, Body and Spirit: A Return to Wholeness.* Nova York: Henry Holt, 2000.

Iyengar, B. K. S. *A Luz da Ioga*, São Paulo, Ed. Cultrix, 1986.

______________. *The Tree of Yoga.* Boston: Shambhala, 1989.

Schiffmann, Erich. *Yoga: The Spirit and Practice of Moving into Stillness.* Nova York: Pocket Books, 1996.

Swenson, David. *Ashtanga Yoga. "The Practice Manual".* Sugar Land, Tex.: Ashtanga Yoga Productions, 1999.

Yee, Rodney e Nina Zolotow. *Yoga: The Poetry of the Body.* Nova York: St. Martin's Press, 2002.

FILOSOFIA ORIENTAL

Doniger, Wendy. *Splitting the Difference: Gender and Myth in Ancient Greece and India*. Chicago: University of Chicago Press, 1999.

Hahn, Thich Nhat. *The Heart of Buddha's Teaching: Transforming Suffering into Peace, Joy and Liberation*. Nova York: Broadway Books, 1999.

Olivelle, Patrick, trad. *Upanishads (Oxford World Classics)*. Nova York: Oxford University Press, 1998.

Radhakrishnan, Sarvepalli e Charles A. Moore, orgs. *A Source Book in Indian Philosophy*. Princeton, N.J.: Princeton University Press, 1967.

LIVROS DE MEDITAÇÃO

Goldstein, Joseph e Jack Kornfield. *Seeking the Heart of Wisdom: The Path of Insight Meditation.* Boston: Shambhala, 2001.

Hahn, Thich Nhat. *The Miracle of Mindfulness: A Manual on Meditation.* Boston: Beacon Press, 1996.

Suzuki, Shunryu. *Zen Mind, Beginner's Mind.* Trumbull, Conn.: Weatherhill, 1988.

NUTRIÇÃO/COZINHA

Colbin, Annemarie. *Food and Healing*. Nova York: Ballantine Books, 1996.

Robbins, John. *The Food Revolution: How Your Diet Can Change Your Life and Our World.* Berkeley: Conari Press, 2001.

Taylor, Mary F. *Lunch Crunch: Beating the Lunch Box Blues.* Boulder, Colo.: Yoga Workshop Press, 1997.

_____________. *New Vegetarian Classics: Entrees.* Santa Cruz, Calif.: Crossing Press, 1994.

_____________. *New Vegetarian Classics: Soups.* Santa Cruz, Calif.: Crossing Press, 1996.

Tiwari, Maya. *Ayurveda – A Life of Balance.* Rochester, Vt.: Inner Traditions, 1995.

Willett, Walter C. *Eat, Drink, and Be Healthy: The Harvard Medical School Guide to Healthy Eating.* Nova York: Simon & Schuster, 2001.

VÍDEOS

Freeman, Richard. *Yoga Breathing and Relaxation with Richard Freeman.* Boulder, Colo.: Delphi Productions.

_____________. *Yoga with Richard Freeman: Ashtanga Yoga: The Primary Series.* Boulder, Colo.: Delphi Productions.

Kornfield, Jack. *Meditation for Beginners.* Louisville, Colo.: Sounds True.

Macgraw, Ali. *Ali Macgraw – Yoga Mind and Body.* Warner Studios.

Yee, Rodney e Patricia Walden. *Living Yoga – A. M./P. M. Yoga for Beginners Set.* Broomfield, Colo.: Living Arts.

CASSETES

Freeman, Richard. *The Yoga Matrix.* Louisville, Colo.: Sounds True.

Hahn, Thich Nhat. *The Art of Mindful Living.* Louisville, Colo.: Sounds True.